制造业服务化、
服务知识管理及应用

高 娜 赵嵩正 著

机械工业出版社

当前，制造业已从以产品为中心迈向以提供增值服务为中心，制造业服务化是提升制造业核心竞争力的必然趋势。本书从制造业服务化的概念和内涵出发，通过对全生命周期服务知识支持系统的分析，运用知识管理理论和方法，对服务知识进行建模和共享，构建服务知识支持系统，从而实现服务过程的知识支持，提升服务效率，助力制造业的服务化快速转型。

本书可供学习知识管理和服务化的本科生、研究生和从事相关研究的研究者参考。

图书在版编目（CIP）数据

制造业服务化、服务知识管理及应用 / 高娜，赵嵩正著 . —北京：机械工业出版社，2019.9
ISBN 978-7-111-63715-8

Ⅰ.①制… Ⅱ.①高… ②赵… Ⅲ.①制造工业 – 服务经济 – 研究 – 中国 Ⅳ.① F426.4

中国版本图书馆 CIP 数据核字（2019）第 201010 号

机械工业出版社（北京市百万庄大街 22 号 邮政编码 100037）
策划编辑：贺 怡　　　　　责任编辑：贺 怡
责任校对：张 力　陈 越　封面设计：马精明
责任印制：孙 炜
保定市中画美凯印刷有限公司印刷
2019 年 10 月第 1 版第 1 次印刷
169mm×239mm · 12 印张 · 1 插页 · 237 千字
0 001—1 500 册
标准书号：ISBN 978-7-111-63715-8
定价：69.00 元

电话服务　　　　　　　　　网络服务
客服电话：010-88361066　机 工 官 网：www.cmpbook.com
　　　　　010-88379833　机 工 官 博：weibo.com/cmp1952
　　　　　010-68326294　金 书 网：www.golden-book.com
封底无防伪标均为盗版　　　机工教育服务网：www.cmpedu.com

前 言

随着制造业服务化进程的不断推进,产品服务逐渐延伸到产品生命周期的各个阶段,从产品全生命周期角度出发,实现对服务过程的知识管理和知识支持是必然的发展趋势;同时,在制造业服务化过程中全程化的服务逐渐体现,服务环节蕴涵的知识越来越多,所需要的知识支持也逐渐增多,实施有效的知识共享和重用是制造业服务化的重要途径。因此,建立能够面向产品全生命周期的服务知识支持平台具有重要的理论意义和实践意义。

2007年,孙林岩教授等发表的《21世纪的先进制造模式——服务型制造》,掀起了服务型制造研究与实践的热潮。2015年,中华人民共和国国务院发布的《中国制造2025》中明确提出要加快制造与服务的协同发展,促进生产型制造向服务型制造的转变。如何发展服务型制造?目前尚处于探索阶段。在全球范围内,德国提出大力发展"工业4.0",美国大力发展工业互联网,实现制造业和服务业的跨界融合,提升制造业产业竞争力已成为制造企业实施转型的选择。作者结合前期理论研究成果,在分析本体理论和技术的基础上,以产品服务知识为对象,建立面向产品全生命周期的服务知识支持系统和方案。

本书结合知识管理技术,探索服务背景下产品全生命周期中服务知识的构成和服务知识的建模方法,构建了服务知识支持系统,并结合陕西汽车控股集团有限公司(以下简称陕汽集团)的售后服务,构建原型系统,探索以知识管理助力制造业服务化转型之路。

本书共分为7章,主要包含以下内容:

第1章分析了服务化概念的演变过程、服务化的内涵和基本模式,并进一步分析了服务化转型的动力机制和对行业、企业的意义;分析了制造业服务化的进程和服务型制造的概念;通过投入服务化和产出服务化两个方面对服务化现状进行调研,提出了目前服务化面临的问题。

第2章分析了制造业服务化的推动因素和全生命周期服务化的特点,提出了面向产品全生命周期的服务模型,并进行了服务设计;在此基础上构建了面向产品全生命周期的服务支持工作模型和集成框架，进一步构建了服务知识的闭环反馈模型，分析了服务知识的闭环反馈作用。

第3章在分析了知识定义的基础上，给出了产品服务知识的定义，分析了服务知识的结构模型，结合知识的分类方法对服务领域知识进行了分类，进一步分析了服务知识的转化过程；对产品服务知识的信息源进行分析，通过服务知识的获取步骤，提出了产品BOM（物料清单）向服务BOM的转化方法，并进行了数学描述；提出了面向产品全生命周期的服务知识获取模型；分析了服务知识的特点和表示原则，选择本体作为服务知识的本体表示方法。

第4章分析了本体的概念、构建方法和描述语言，对产品服务领域本体构建过程进行了深入分析，提出了服务领域本体构建模型和基于本体的产品服务知识表示框架；对服务领域中的四类知识进行了本体建模，包括产品知识建模、客户知识建模、服务资源建模和服务案例知识建模，文中重点分析了服务案例的本体表示，根据服务案例的特点，提出了服务案例的本体表示结构，并对案例中的概念关系进行分析；在此基础上，提出了服务领域知识的体系结构；运用Protégé本体建模工具，建立了汽车产品服务领域知识本体模型及OWL编码示例。

第5章分析了知识检索的原理，对本体在知识检索中的应用和检索模型进行分析；结合知识情境理论，提出了基于知识情境的服务知识检索模型，并从产品和客户两个维度构造检索情境树，进一步分析了基于知识情境的知识检索原理和流程；对服务知识检索算法进行了具体分析，定义了语义扩展检索算法，进而给出了基于知识情境的服务知识检索算法；根据情境相似度的计算方法得到了服务案例检索的流程，针对不同的属性值提出了不同的相似度计算方法，通过计算属性相似度和维度相似度，进而得到整体案例的相似度。

第6章分析了知识系统工程的方法体系，阐述了知识管理系统的设计原则和开发流程；分析了支持产品全生命周期服务的知识管理系统的特点，结合本文提出的理论和模型，设计了服务知识支持系统的系统功能、业务流程和体系结构；并分析了基于本体的服务知识应用模型和检索模型，对OWL本体在关系数据库中的存储进行研究，最后对原型系统的开发环境进行分析，实现了原型系统。

第7章以陕汽集团为应用背景，分析了重卡产品的经营状况和在服务化过程中存在的问题。对陕汽集团进行的全生命周期服务化业务拓展进行了分析，提出了全生命周期服务模型。并分别从产品服务知识获取、产品服务领域知识建模和服务知识支持系统运作模式等几个关键方面进行了实例分析和应用研究。

关于制造业服务化的研究已经层出不穷，国家业已展开对工业互联网的研究，因此运用知识管理方法和手段助力服务化转型的研究也拉开了大幕，亟待更多研究者和实践者添砖加瓦。本书是一部探索之作，疏漏之处恳请读者批评和指正。

著　者

目 录

前言

第1章 制造业服务化 ... 1
1.1 制造业服务化的内涵及特征 ... 3
1.1.1 制造业服务化的内涵 ... 3
1.1.2 制造业服务化的特征 ... 3
1.2 服务化的基本模式 ... 4
1.3 制造业服务化的动力机制 ... 5
1.4 制造业服务化的意义 ... 7
1.4.1 制造业服务化对制造行业的意义 ... 7
1.4.2 制造业服务化对制造企业的意义 ... 7
1.5 制造业服务化的研究 ... 8
1.5.1 制造业服务化的进程 ... 8
1.5.2 服务型制造概念的提出 ... 11
1.6 制造业服务化的趋势及进展 ... 15
1.7 西部地区制造业服务化的现状 ... 19
1.7.1 服务化水平的测量方法 ... 19
1.7.2 投入服务化分析 ... 20
1.7.3 产出服务化分析 ... 27
1.7.4 制造业服务化存在的问题 ... 28
1.8 服务知识支持系统 ... 30
1.8.1 服务化与知识管理 ... 30
1.8.2 全生命周期的服务支持 ... 34
1.8.3 知识管理在服务知识支持系统中的应用 ... 36

目 录

第 2 章　面向全生命周期的服务知识支持框架……41

2.1　全生命周期服务……41
- 2.1.1　制造业服务化的推动因素……41
- 2.1.2　全生命周期服务化的特点……45

2.2　产品全生命周期服务的设计……46
- 2.2.1　面向产品生命周期的服务设计流程……47
- 2.2.2　产品全生命周期的制造业服务模型……49

2.3　面向产品全生命周期的服务知识支持模型……51
- 2.3.1　产品全生命周期的知识支持工作模型……51
- 2.3.2　产品全生命周期的服务知识集成框架……53
- 2.3.3　产品全生命周期的服务知识闭环模型……55
- 2.3.4　服务知识的闭环反馈作用……57

第 3 章　服务知识的定义、获取与表示方法的选择……59

3.1　产品服务知识的结构分析……59
- 3.1.1　产品服务知识的定义……59
- 3.1.2　服务知识的结构模型……61
- 3.1.3　服务领域知识的分类……62
- 3.1.4　服务领域显性知识与隐性知识的转化……64

3.2　面向产品生命周期的服务知识获取……66
- 3.2.1　服务知识的信息源……66
- 3.2.2　服务知识的获取步骤……68
- 3.2.3　面向产品生命周期的服务知识获取……69
- 3.2.4　产品 BOM 向服务 BOM 的转化模型……71
- 3.2.5　服务 BOM 的转化方法……73

3.3　服务知识表示方法的选择……77
- 3.3.1　服务知识的特点……78
- 3.3.2　选择服务知识表示方法的原则……79
- 3.3.3　本体表示方法的作用和优势……80

第 4 章 基于本体的服务领域知识建模 ... 83

- 4.1 本体的概念和方法体系 ... 83
  - 4.1.1 本体的概念 ... 83
  - 4.1.2 本体构建的方法 ... 85
  - 4.1.3 本体的描述语言 ... 89
- 4.2 产品服务领域知识本体的构建模型 ... 92
  - 4.2.1 产品服务领域知识本体的构建过程 ... 92
  - 4.2.2 基于本体的产品服务知识表示框架 ... 93
- 4.3 服务领域知识的本体建模 ... 95
  - 4.3.1 客户知识的本体构建 ... 95
  - 4.3.2 产品知识的本体建模 ... 98
  - 4.3.3 服务资源本体建模 ... 101
- 4.4 服务案例本体 ... 103
  - 4.4.1 案例知识的重要性 ... 103
  - 4.4.2 案例的表示原则 ... 104
  - 4.4.3 基于本体的案例表示 ... 106
  - 4.4.4 服务案例本体的结构 ... 108
  - 4.4.5 服务案例本体的关系描述 ... 110
- 4.5 服务领域知识的体系结构和实现 ... 111
  - 4.5.1 服务领域知识的体系结构 ... 111
  - 4.5.2 基于 Protégé 的本体构建 ... 112
  - 4.5.3 形式化编码示例 ... 114

第 5 章 基于本体的服务知识检索 ... 118

- 5.1 基于本体的知识检索 ... 118
  - 5.1.1 本体在知识检索中的应用 ... 119
  - 5.1.2 本体知识检索模型 ... 120
- 5.2 基于知识情境的服务知识检索模型 ... 122
  - 5.2.1 知识情境的概念 ... 122
  - 5.2.2 知识情境检索模型 ... 123

5.2.3 情境树的构造 ·· 124
　5.3 基于情境树的服务知识检索算法 ·· 127
　　　5.3.1 服务知识检索流程 ··· 127
　　　5.3.2 情境扩展 ·· 128
　　　5.3.3 语义扩展 ·· 128
　5.4 服务案例检索算法 ··· 131
　　　5.4.1 基于情境的案例检索流程 ·· 132
　　　5.4.2 属性相似度计算 ·· 134
　　　5.4.3 案例相似度计算 ·· 136

第6章 基于本体的服务知识支持原型系统设计 ································ 138

　6.1 知识管理系统的基本理论 ·· 138
　　　6.1.1 知识管理系统的概念 ·· 138
　　　6.1.2 知识管理系统的设计原则 ·· 140
　6.2 支持产品全生命周期服务的知识管理系统的设计 ····························· 141
　　　6.2.1 服务知识管理系统的特点 ·· 141
　　　6.2.2 系统的功能结构和业务流程 ··· 142
　　　6.2.3 系统的体系结构 ·· 143
　　　6.2.4 基于本体的服务知识应用模型 ·· 144
　6.3 OWL 本体的关系数据库存储形式 ·· 145
　　　6.3.1 OWL 本体到关系数据库的映射规则 ···································· 145
　　　6.3.2 服务领域知识本体的关系数据库结构 ··································· 147
　6.4 原型系统的开发和实现 ··· 149
　　　6.4.1 系统的开发环境 ·· 149
　　　6.4.2 系统的实现 ·· 150

第7章 陕汽集团构建服务知识支持系统的实例 ································ 153

　7.1 企业背景 ··· 153
　　　7.1.1 企业现状分析 ··· 153
　　　7.1.2 经营中的问题分析 ··· 154

7.2 产品全生命周期服务知识支持系统的构建 ·········· 155
7.2.1 面向产品全生命周期的服务业务设计 ·········· 155
7.2.2 汽车服务知识的获取 ·········· 159
7.2.3 汽车服务领域知识本体建模 ·········· 163
7.2.4 汽车服务知识支持系统的构建 ·········· 169

后 记 ·········· 172

参考文献 ·········· 176

第1章

制造业服务化

2015年5月，中华人民共和国国务院（以下简称国务院）印发《中国制造2025》，明确提出积极发展服务型制造和生产性服务业的重大战略，鼓励制造企业向提供服务转变并增加服务投入。鼓励我国东部地区加快服务化转型，支持中西部地区发展知识密集型的生产性服务，实施制造业和服务业协同发展。由此可知，制造业服务化已经上升到国家战略，服务化转型势在必行。

1）全球化制造格局面临重大调整。2008年全球金融危机发生后，发达国家重新意识到制造业的重要性，纷纷提出制造业国家战略，重塑制造业竞争新优势，如德国"工业4.0"战略及美国"再工业化"战略。另一方面，一些发展中国家（越南和印度等）利用低成本优势，积极引进劳动密集型产业和低附加价值产业，一些跨国公司考虑将中国工厂迁至其他新兴国家。我国作为发展中国家，制造业面临重大挑战，而服务化战略正是应对以上挑战的强有力武器。

2）中国经济环境发生变化。我国经济发展进入新常态，产业结构正在转型升级，中国制造业长期依赖的低成本优势正在弱化，资源和劳动力成本上升，环境污染加重，坚持依靠资源要素投入、规模扩张的粗放型发展模式难以为继。

3）服务经济超过工业经济，服务经济时代到来。如果把服务经济时代定义为服务业在国民经济中比重超过60%，美国在20世纪70年代已经进入服务经济时代，德国及法国在20世纪80年代、日本在20世纪90年代进入服务经济时代，2000年全球服务业增加值占GDP（国内生产总值）的63%，全球已经进入服务经济[1]。而我国在2013年第三产业比例达到46.1%，首次超过第二产业43.9%，2014年第三产业比例达到48.2%，2015上半年第三产业比例达到49.5%，服务经济占主导地位的时代已经到来[2]。随着全球进入服务经济时代，制造企业服务化成为差异化竞争的重要举措。国外如IBM（国际商业机器公司）、戴尔和

GE（通用电气公司）等制造企业已经向服务化转型，2011 年 IBM 的服务收入达到 82.1%，服务税前利润占总利润的 92.9%。国内如海尔集团和西安陕鼓动力股份有限公司（以下简称陕鼓）等也出现了相当明显的服务化趋势。

4）客户消费特点发生变化。客户消费方式由传统工业以产品质量、寿命和功能为关注点逐渐转变为以产品所带价值的整体满足为关注点，因此，产品所依附的服务越来越重要。同时，影响客户选择的不仅有产品，还有咨询、售后、反馈及回收等一系列各个环节的服务。

5）与发达国家相比服务化差距显著。2011 年，英国学者 Andy Neely 调研了不同国家和地区的服务化程度[3]，指出美国服务化程度最高，由 2007 年的 57.68% 到 2011 年的 55.14%，中国制造企业服务化水平从 2007 年的 1% 到 2011 年的 19.33%，中国制造企业在沿高价值链环节移动。

根据上述实际背景，面对激烈的国际市场竞争及顾客需求的多样性，以加工和组装为主的装备制造业必须进行服务化转型。

全球化的市场经济改变了制造业的整体格局和生态环境，21 世纪制造业面临的是全球市场的竞争与合作。缩短产业链，专注于自身核心竞争力的提高，已成为世界制造企业的变革趋势，企业需要做到生产性服务业与制造业的融合互动，这已成为世界经济发展的一个趋势。中国经济已进入从产品经济向服务经济的过渡阶段。科学技术的不断进步、全球化信息网络的不断发展使得生产领域的竞争越来越激烈，为了寻求新的利润空间和竞争优势来源，越来越多的制造企业认识到服务业在创造利润和增强客户满意度方面的发展空间，市场的竞争越来越多地体现在产品服务上，服务逐渐成为制造企业创造优先客户价值及发展竞争优势的一个关键因素，制造企业产品服务管理研究成为一个热点问题。

产品的服务阶段是产品全生命周期管理的重要组成部分，是产品改型、提高产品质量和新产品研制需求的重要数据来源。随着现代产品大型化、精密化和系统化的发展，产品结构越来越复杂，这造成大型复杂产品的服务管理具有业务数据庞杂、信息传递复杂和业务种类繁多的特点，服务管理信息量巨大。随着制造企业产品研制生产及交付量的不断增加和产品服务期的延长，应使用方和产品自身的要求，产品的服务工作越来越迫切，越来越频繁。而且制造业的飞速发展，快速变化的市场环境使得制造企业之间的竞争已经逐步从生产竞争转向市场竞争和客户竞争。为此，制造企业的重心从传统的生产、物流和财务等转向全面的以提高客户满意度为核心的产品制造和产品服务。

1.1 制造业服务化的内涵及特征

1.1.1 制造业服务化的内涵

关于制造业服务化的概念，1988 年 Vandermerwe 和 Rada 最早提出 Servitization（服务化）[4]。国外学者相继提出 Servicizing（服务化）和 Tertiarization（服务化）等词汇。国内学者对服务化的代表性定义有中山大学教授刘继国提出投入服务化和产出服务化概念，2007 年西安交通大学教授孙林岩提出了服务型制造概念[5-7]。综合上述观点，制造业服务化代表着商业模式的改变和组织从仅卖产品向卖产品和服务包的转变。本文对制造业服务化的定义进行了如下综述，见表 1-1。

表 1-1 制造业服务化的定义

年份	学者	制造业服务化的定义
1988 年	Vandermerwe 和 Rada	制造业服务化是由顾客驱动并向顾客提供"物品＋服务＋支持＋知识＋自我服务"的一种市场服务包的趋势
1999 年	White	制造业服务化是指制造商从产品提供者转变为服务提供者，经历了一个动态变化的过程
2000 年	Reiskin	制造业服务化是指制造企业由产品为中心向以服务为中心的转变
2003 年	Szalavetz	从两个层面理解制造业服务化。对于客户而言，与产品相关的服务显得日益重要，不仅包括售后服务，也包括融资、运输和技术支持等，作为无形产品的服务提高产品的价值；制造企业中内部服务的效率对竞争力显得异常重要，内部服务主要指企业的运营效率、人力资源和技术水平等
2006 年	刘继国	制造业服务化分为产出服务化和投入服务化，服务在制造业的中间投入比重逐渐上升即为投入服务化；服务在制造业产出中的比重逐渐上升即为产出服务化
2007 年	孙林岩	指出服务型制造是由顾客参与的产品和服务不断融合且能够提高生产效率的商业模式，其中生产性服务具有重要作用，制造不可脱离服务，同样服务依赖于制造

1.1.2 制造业服务化的特征

通过研究文献及阅读服务化相关书籍，作者总结出制造业服务化具有以下特征：

1）产品形态不同。制造业服务化由提供产品向提供"产品＋服务包"进行转变，使服务在价值链中占据主导地位，企业盈利模式主要来源由产品转变为服务。

2）交易方式不同。制造业服务化由传统制造模式的以产品为中心向以人为中心进行转变，强调顾客价值和知识融合，顾客关系由交易型变为长期伙伴关系型。

3）商业模式不同。制造业服务化是通过产品服务系统获取价值，不仅仅是卖产品获取价值，顾客使用产品服务系统的过程是一个持续消费过程，企业通过不断提供服务以及升级服务获取价值，企业价值来源是可持续的。

4）管理模式不同。组织管理上传统制造组织流程设计以产品和职能为核心，当企业拓展服务业务时，需建立一个灵活的以客户为中心的运作模式支持相关业务的发展。

根据以上阐述可以看出，制造业服务化是一种全新的商业模式，与传统制造相比具有显著不同的特点，本文在文献的基础上，对二者进行了比较，见表1-2。

表 1-2 传统制造与制造业服务化的对比

比较项目	传统制造	制造业服务化
服务数量	没有服务、少数产品相关服务	产品相关服务和系统解决方案
价值定位	服务作为附加，以产品为主	产品为附加，服务传递顾客价值
顾客关系	有限的顾客交流，以交易为主	专注服务传递，发展长期伙伴关系
竞争优势	优秀质量产品和高水平技术	高质量服务及问题解决技能
组织结构	产品团队，严格等级制度	顾客细分，服务团队，跨部门交流
企业文化	专注效率，规模经济	创新、顾客化、柔性和多样性
顾客角色	顾客是产品的接受者	顾客是服务的创造者
企业绩效	标准：成本、交货时间和质量	标准：顾客满意度及忠诚度，产品生命周期价值

1.2 服务化的基本模式

关于服务化的模式研究，国外学者 Dimache 将服务化模式分为3类：产品导向的服务，即顾客拥有产品所有权，服务作为附加（融资服务、维修服务及咨询服务）；应用导向的服务，即所有权归制造商，制造商卖使用权，服务范畴包括：租赁服务和按照服务单元付费；结果导向的服务，即交付功能而非产品和服务，产品只是载体。国内学者朱苏远提出5种服务化模式：服务附加型、服务主导型、解决方案型、功能外包型及产品应用型。在前人研究的基础上，本文总结的服务化的模式见表1-3。

表1-3 服务化的模式

服务化的模式	途径	服务类型
基于产品效能提升的增值服务	个性化的产品设计	顾客参与、个性化客户体验
	实时化在线支持	远程诊断服务、实时维修服务
	动态化个性体验	个人娱乐服务、基于位置的服务
基于产品交易便捷化的增值服务	多元化融资租赁	消费信贷服务、融资租赁服务
	精准化的供应链管理	实时补货、零部件管理、供应商库存管理
	便捷化的电子商务	期货电子采购、现货电子采购
基于产品整合的增值服务	整套安装服务	方案咨询、工程承包
	集成化的专业运营维护	设备管理维护服务、基础安装服务
基于产品的服务到基于需求的服务	基于动态需求的一体化解决方案	专业化服务

1.3 制造业服务化的动力机制

当前我国经济正在处于转型关键时期，加之服务经济的到来，我国劳动力低成本优势和土地资源优势将不复存在。另外，近年来环境污染严重，如果仍然坚持高能耗、高污染、低附加值的简单加工制造，仍坚持以产品为中心的商业模式，那么我国装备制造业将毫无竞争力。从国外发达国家制造业的发展历程来看，制造业服务化是提升装备制造企业竞争优势的一大武器，制造业服务化是装备制造业的必然趋势。制造业服务化转型的动力机制可以从以下几个方面说明。

1. 市场需求正在从产品导向向产品服务系统导向转变

1）客户需求结构不断升级。客户越来越挑剔，需求也越来越个性化，企业为满足顾客需求，对自身的研发设计等相关服务提出了更高的要求。

2）产品技术和功能的复杂化引发了需求的服务化。随着信息技术的进步，产品科技含量逐渐提升，产品设计、生产和回收等各个环节对于服务的需求越来越强烈，普通人员维修难度越来越高，这就为制造企业提供相应的服务产品提供了条件。

3）产品智能化为满足客户需求创造了条件。产品智能化能够支撑设备的远程故障诊断,开展检修和维修等专业服务,建立远程控制中心、远程诊断中心及不间断应答中心,实现对产品全生命周期的管理和服务。

2. 高价值环节向服务环节转变

依据微笑曲线理论,获得高额利润的往往在整个价值链的两端,组装加工获得的附加价值较低（见图1-1）。因此,装备制造企业开始向服务环节和研发设计环节进行转变。

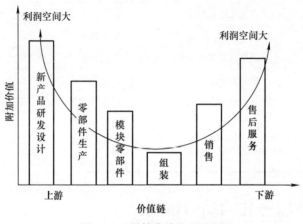

图1-1 "微笑曲线"理论图

3. 通过提供附加价值的服务,形成难以模仿的差异化优势

竞争优势的基础是差异化和顾客满意度。但随着技术的进步,同类产品的差异越来越小,此时服务成了差异化的关键选择。服务可以使顾客长期使用产品,差异化服务的不可模仿性和难以复制等优势,提升了顾客忠诚度,延长了产品生命周期。

4. 客户交易正在从短期交易向长期交易转变

激烈的市场竞争使企业加强与顾客的关系,试图建立更加稳定的供应链体系以不断降低交易成本、消除生产经营的不确定性、形成更紧密的合作关系,因此,企业更希望和客户发展长期伙伴关系,注重顾客的价值。内在动力体现在3个方面：首先,长期交易降低了企业的交易成本；其次,长期交易有利于制造企业提供更好的产品和个性化服务；最后,长期交易有利于消除企业经营中的不确定关系。

1.4　制造业服务化的意义

制造业服务化是装备制造业转型升级的重要途径之一，是把中国由制造大国变为制造强国的重大战略。制造业服务化的意义可以从行业和企业两个角度进行分析。

1.4.1　制造业服务化对制造行业的意义

1）制造业服务化有利于制造业向价值链的高端转移。从发达国家工业化进程可知，制造业从制造环节为主向服务环节为主进行转变，服务在整个价值链中具备较高的价值。

2）制造业服务化有利于提高中国装备制造业的创新意识。自改革开放以来，中国变成了制造大国，但随着新兴经济的发展，我国这种粗犷式发展，消耗了大量的资源和能源，曾经的低劳动力成本优势也已不复存在。服务化对制造行业创新具有重要的意义。如：金融、信息和设计等不同领域的服务创新打破了传统的产业界限，为制造业开辟了新思路。

3）制造业服务化具有良好的环境效应，是绿色发展的重要途径。传统的装备制造业在生产过程中会消耗大量资源，严重环境污染，尤其严重的雾霾问题，严重影响了人民的日常生活。另外，十三五规划中提出了"绿色发展"的理念，制造业服务化可以延长产品生命周期、提高设备利用率、降低资源的消耗，成为绿色发展的基本途径。

4）制造业服务化是转变经济发展方式的重要举措。一方面，制造业服务化促进了第二产业和第三产业的融合。另一方面，制造业服务化促进经济增长向依靠管理、人才和技术的转变。

1.4.2　制造业服务化对制造企业的意义

1）制造业服务化是提升企业竞争力的重要途径。第一，制造业服务化是抢占产业链高端环节的重要手段。仅仅依赖产品的传统竞争格局已被打破，制造企业必须围绕研发、物流运输、融资租赁及系统集成等环节，不断融入服务要素。第二，制造业服务化是提高客户满意度的重要途径。在与顾客接触的过程中，了解顾客需求，然后通过完备的服务建立顾客忠诚度。第三，以知识密集型为基础的服务是制造企业差异化优势的重要途径。如：远程监测及故障诊断服务将成为企业维修检查、升级改造等服务市场的重要信息来源，从而形成比竞争对手更强的竞争优势[8]。

2）制造业服务化可以提升企业经济效益。Oliva 和 Kallenberg 认为，将服务融入产品，伴随产品全生命周期的服务可以获得持续收入，服务提供了更为稳定的收益来源并能获得比产品更高的利润。其次，Benedettini 指出即使在经济衰退时，顾客依然可以长期使用企业产品，因此服务和支持可以获得持续收入[9]。同时，制造业服务化使顾客能够更高效地利用产品，能够减少产品全生命周期的成本。我国学者简兆权从微笑曲线角度解释了制造业服务化能够促使制造企业进入高收入环节。

3）服务化战略有助于企业树立产品形象，提高产品品牌价值。Gebauer 指出通过服务化可以卖更多的产品。同时，制造企业提供专业化服务有助于树立产品知名度和品牌忠诚度，形成品牌价值。

1.5 制造业服务化的研究

1.5.1 制造业服务化的进程

国际标准化组织把"服务"定义为"为满足顾客的需要，供方与顾客接触的活动和供方内部活动所产生的结果"。服务是一种经济活动，是向消费者个人或组织提供的，服务的目的旨在满足对方某种特定的需求。服务通常是无形的，是在与组织和顾客接触时完成的一项活动。服务的特性包括：不可触知性（但可感知）、生产与消费的同时性、质量的差异性、活动的易逝性和不可储存性等。

研究表明，我国的制造业整体规模已位居世界前列。国外制造企业正在兴起"制造+服务"的发展趋势，著名制造企业如 IBM、GE 等都越来越强调服务在其经营过程中的重要地位。面对这一新现象，西方研究制造业和服务管理的学者非常关注制造企业的服务创新过程，探求服务创新如何影响制造业的发展。学者们纷纷指出，制造和服务的边界已经变得模糊，制造业出现了明显的服务化的趋势，用服务来增强企业竞争力并将其作为价值获取的重要来源已成为制造业发展的重要趋势。

我们只能说某些行业的服务比其他行业多些或少些，从来没有一种东西能像服务这样无处不在，每个人都处在服务与被服务之中。应该说，制造业的发展历史就是企业不断满足顾客需求、提高自身竞争能力的历史。制造业拥有巨大的服务价值空间。制造企业服务创新开创了一种新的价值创造视角，与企业传统制造管理流程方向相反的是，它从顾客满意度及其愿意支付的价值开始，逐渐向前理顺管理的关系。

国内关于制造业服务化的研究也逐步展开。王春芝等[10]从实证角度出发对制造企业服务业务开发的战略安排进行了研究，从战略层面进行分析以促进制造企业服务业务的开展。林光平等[11]从潜在服务价值入手，以东方汽轮机厂为例阐述了制造企业服务创新过程，探讨了服务价值流程的构建过程和再造。喻友平等[12]分析了企业的服务创新需求和过程，提出了基于平台方法的客户服务创新支持平台。为了实现制造资源和服务共享，王琦峰等研究了制造服务的建模和表达，提出了基于语义的制造服务模型，采用扩展web服务本体描述语言对制造服务进行了建模实现。

1. 制造业服务化的概念研究

Vandermerwe和Rada最先提出服务化的概念，指出制造业经历了从提供物品、提供服务＋产品到提供物品＋服务＋支持＋知识以及自我服务的模式转变，服务成为竞争优势的主要来源[4]。White等学者认为服务化是制造商从产品到服务的动态转变过程。Reiskin的研究指出，服务化是指制造企业由以产品为中心向以服务为中心的转变。Szalavetz将制造业服务化定义为两层含义，一是对客户而言，与产品相关的服务显得日益重要；二是组织内部服务的效率对竞争力显得非常重要。Baines等指出服务化是从卖产品到卖附加价值服务的转变过程[13]。另外，一些发达国家相继对制造和服务融合进行了研究，如日本称为服务导向制造（service oriented manufacturing），美国称为基于服务制造（service based manufacturing），英国称为产品服务系统（product service system）。

2. 制造业服务化的过程研究

Oliva和Kallenberg认为从单纯的制造向服务转变是一种动态的过程，称为连续统一体（见图1-2），这种转变过程分为4个阶段：第1阶段是巩固产品相关服务，此阶段服务是免费的，目的是提高销售量与缩短交货时间；第2阶段是进入安装基础服务市场，目的是建立完善的服务组织，此阶段顾客满意度和员工满意度成为企业成功的度量标准；第3阶段是扩张基础服务供应，目标是增加服务设施的应用及扩张系统集成能力；第4阶段是掌握终端用户的运营，这一步骤需要建立在服务组织和专业服务的基础上。Vandermerwe 和 Rada 提出服务化转型需经历 3 个阶段：产品到产品和附加服务再到产品服务包。White 提出 4 阶段理论：前 3 个阶段与 Vandermerwe 和 Rada 划分的基本相同，第 4 阶段为基于物品的功能和服务。

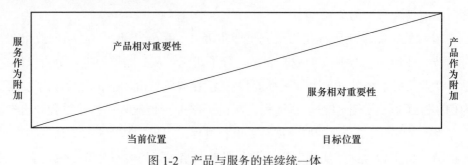

图 1-2　产品与服务的连续统一体

3. 制造业服务化的影响因素研究

Homburg 等人以零售业为对象，实证研究发现影响零售业服务导向的因素包括环境特征、组织特征及顾客特征。Gebauer 运用案例与标杆比较的方法研究了提高服务化收入的因素，市场导向、价值定位、关系市场、服务文化及独立的服务组织对提高服务化收入具有较大的意义。Baines 基于文献回顾指出服务化战略的实施包括经济因素、战略因素及市场因素[14]。Benedettini 和 Neely 运用案例的方法研究了"实施服务化的企业为什么会失败"，研究发现影响服务化的因素包括组织内部和外部两方面：外部因素包括技术、经济、政治和法律因素等总体环境，以及客户、供应商和竞争者等直接环境；内部因素包括人力资源、企业资金、公司成熟类型及产业类型[9]。Bustinza 通过组织结构和价值链探讨了服务化与竞争优势之间的关系[15]。Ahamed 分别运用实证方法和案例方法研究了服务化转型的组织内部因素，验证通过 3 个影响因素：领导能力（17.2%）、眼光（16.3%）和市场（9.5%）[16]。Turunen 运用"生态论理论"探讨组织因素对服务化转变过程的影响，提出了 6 种因素：竞争总体、种群密度、资源可获得性、机构间联系、技术创新及政治因素[17]。Antioco 等人运用实证方法探讨了组织参数对支持产品服务导向和支持顾客服务导向的影响。

4. 制造业服务化的战略测量及与企业绩效关系的研究

Homburg 等人研究零售业服务导向战略时将服务化战略导向分为 3 个维度：

提供服务的数量、服务宽度及服务强度。这种测量方法还被 Antioco 及 Gebauer 等人采用。Homburg 等人还研究了服务导向战略对企业绩效（包括财务绩效和非财务绩效）的影响。Neely 根据企业提供的服务数量衡量服务化程度，并研究了服务化程度与企业财务绩效的影响关系。

1.5.2 服务型制造概念的提出

随着社会化分工的加深和生产性服务的发展，制造业和服务业相互融合、相互依赖，两者之间的边界越来越模糊，许多企业开始提供全面解决方案，向用户提供个性化的、完整的问题解决方案和系统服务，这就形成了产品服务系统（product service system）[18]。

同时，国外关于产品内涵变化的研究中，针对产品和服务的融合现象分别提出了产品服务化（servicization），服务增强（service enhanced）、面向服务的产品（service oriented product）及产品-服务包（product-service packages）等其他概念。国内一些学者将这种服务和制造相互融合的制造模式称为服务型制造，并倡导建议国家层面设立有关服务型制造的重大研究项目。综上所述，服务型制造是一种全新的制造模式，在制造业和服务业相互融合的背景下诞生，并通过网络化协作实现制造向服务的拓展和服务向制造的渗透，最终为顾客提供"产品服务系统"，企业在为顾客创造最大价值的同时获取自身的利益。

近几十年间，众多学者对生产性服务业对国民经济的促进作用，生产性服务和制造业的互动关系，以及生产性服务的产业形态等方面进行了持续研究[19]，提出了关于新型制造业的一系列概念，并对生产性服务企业组织层面的微观机理进行了探索。研究表明，制造和服务的边界已变得模糊，但处于经济中核心地位的仍是物品创造及生产部门。与物品创造、生产及销售相关的生产性服务行业成为经济增长的主要驱动力，其快速增长带动了发达国家制造产业的升级，促进了"整合制造-服务部门"的产生，催生了"整合制造-服务产品系统"。"整合制造-服务部门"表现出知识经济的特性，增强了传统制造业的竞争力，因而成为产业发展的新趋势。

基于服务嵌入式产品（service embedded products）的观点认为：企业不仅销售物理产品，而且根据用户需求提供产品的设计、制造、应用和维护等覆盖产品全生命周期的解决方案。在这个阶段，顾客主动参与到产品系统解决方案的创造过程中，顾客不再是被动的产品接受者，而成为"产品系统"的"合作生产者"，共同创造价值。

顾客参与到产品系统的创造过程之中，可以更好地促进企业提供符合顾客需求的产品系统解决方案，实现企业价值和顾客价值。在信息经济时代，显性知识容易获得，创新的关键在于隐性知识的创造和应用。顾客和企业的频繁互动，相互参与业务流程，促进了隐性知识的转移和创造，无疑能够促进"产品系统"的创新。在寻求和确定问题的过程中，顾客比企业发挥着更大的作用。具有一定技术的用户能够比企业提出更好的产品改进建议，甚至亲自参与产品的改进，对企业形成示范效应，促进产品系统的创新。

目前认为生产与服务相结合的新形态被称为服务型制造业，也是我国制造业寻求突破的切入点之一。国外对于制造业与服务业融合现象的研究起源于20世纪90年代中后期，在概念的演化上经历了服务增强型（service enhancement）制造、服务嵌入型（service embedded）制造和服务导向型（service oriented）制造，研究了服务业在发达国家中逐渐兴起的趋势[16]。服务与制造的集成研究主要在西方国家，如美国将服务型制造称为基于服务的制造（service based manufacturing），美国自然科学基金从2002年开始资助"服务工程的探索性研究"等项目；澳大利亚称其为服务增强型制造（service enhanced manufacturing）；欧盟支持了"网络化环境下协同设计与制造"；日本称其为服务导向型制造（service oriented manufacturing）；英国称其为产品服务系统（product service system）等。Masayo hobo 等以日本大规模电子产品卖场为研究背景，实证研究了从制造商、零售商和客户之间的双螺旋轨迹引出的新制造模式，及服务导向的制造 SOM（service oriented manufacturing），并研究了其演化的机理与影响因素。Heiko Gebauer 和 HemantK 以欧洲的企业为研究对象，提出了服务型制造的4种策略：售后服务提供（ASPs）、顾客支持提供（CSPs）、外包伙伴（OPs）、发展伙伴（DPs），以及这些策略运用的侧重点。Wendy van der Valk 指出对于制造企业而言，拥有不同特征的服务模式的协同有助于制造企业成功地实现持续的服务交换。Paolo Guerrieri 等对生产服务业与制造业的互动机制进行了相关研究，并强调了信息与通信技术在生产服务业与制造业互动中的重要作用。Weiming Shen 等对协同智能制造提出了一个基于代理和服务导向的集成结构，从信息系统与技术角度对服务型制造实施做了有益的探索。研究者从不同的角度分析了增强服务策略的好处。制造业服务化和信息化是当前制造业发展的两大趋势。顾新建等认为需要将制造业服务化和信息化进行融合，从产品生命周期角度对此进行分析，表明信息技术在制造业服务化中起到非常重要的作用，有效支持了服务专业化和制造业服务化。李浩等对制造与服务融合的内涵和理论进行研究，提出了制造服务融合的关键技术体系。在企业竞争战略中，产品链下游的产品服务与产品链上游的技术研发具有同样重要的作用，沈铁松研究了产品延伸服务业务的提供机制，挖掘顾客消费活动中所需的服务业务，采取有效服务形式和服务业务实现双赢目的。

国内学者以汪应洛、孙林岩为首的研究团队率先提出了服务型制造模式的概念并论述了服务型制造对中国制造的宏观价值和微观价值等，提出产品服务系统新的分类及服务制造网络上企业的演化发展路径。郭重庆院士[20]指出：服务和制造集成是世界制造业变革的趋势，零部件的集中生产、工艺的专业化生产及非核心业务的生产活动外包和服务外包已经成为趋势，服务"内化"向"外化"演进，是当今制造企业主要的变革方向；汪应洛[21-22]提出了中国发展服务型制造的战略思考，并强调"服务型制造的特征是多企业在网络环境下的协同工作，并相互提供生产性服务"；孙林岩认为：服务型制造是为了实现制造价值链中各利益相关者的价值增值，通过产品和服务的融合，客户全程参与，企业相互提供生产性服务和服务性生产，实现分散化制造资源的整合和各自核心竞争力的高度协同，达到高效创新的一种制造模式。吴贵生等对中国制造企业的服务增强战略、机制、模式和战略对策等理论和实践进行了研究，并构建了一个服务延伸产品差异化的完全信息动态博弈模型。王春芝和 Heiko Gebauer 从对工业服务管理文献分析和制造企业的调查研究入手，解释了制造企业从纯粹的产品生产者向客户支持方案提供者转移的发展趋势，对制造企业服务业务的开发从战略层面进行了研究，认为制造企业服务业务的开发应基于客户价值生成过程；业务开发组织应注意市场导向并应成立独立的服务部门；服务营销应从内部、外部及多层互动展开；服务开发战略的实施需改变传统以产品生产为主流的企业文化，创造产品与服务共生的文化氛围。李转少提出对于目标远大的制造企业而言，应该进一步把服务型制造作为企业竞争的利器。赵晓雷指出服务型制造是指生产与服务相结合的制造业产业形态，是世界先进制造业发展的新模式。宋高歌等人针对产品服务化进行了探讨。叶勤、郑吉昌和刘平等人分别对产品服务增值理念的兴起、理论基础和特征等进行了阐述。

从现实情况来看，中国制造面临的困境也使得制造业转型成为不得不面对的问题。中国制造目前的高能耗、低附加价值和高社会成本的发展模式无法进一步支撑未来的发展，中国制造亟待转型。而制造业服务化所展示的资源整合、价值创造和知识创新等特性，使得其成为中国制造转型的一条可行的道路。制造业服务化是向产品产生过程和使用过程所提供的各种形式服务的总称，服务的主体或客体之一是制造企业。制造业服务化的发展一方面是用户需求的产物，另一方面也是技术推动的结果。

服务型制造是在"产品系统"谱上创造差异化，创造更多价值的有效手段。著名服务营销专家格罗鲁斯指出，了解顾客（包括最终消费者、终端用户、供应商和分销商）价值的内生过程，在此基础上向他们提供能够满足其价值生成过程的一整套产品，是企业创造竞争优势的关键要素[23]。在服务型制造中，顾客亲身参与到产品的创新、生产和服务过程中，有助于企业更好地感知顾客需求，联合实现产品的改进和创新，并和顾客联合创造新市场，实现顾客锁定。企业间基于业务流程合作的生产性服务和服务性生产活动贯穿于产前、产中和产后各环节，通过联合设计、制造和服务，可创造出产品的水平异质性、垂直异质性和技术异质性，使得企业能够实施差异化竞争战略，取得竞争优势。此外，服务通过延伸产品差异化而增强产品竞争力，既提升了价值链上合作厂商的价值（营业收入和利润增加），又使消费者价值获得较大提升，提高了社会总福利。

服务型制造是制造与服务相融合的新产业形态，是先进的制造模式。它是为了实现制造价值链中各利益相关者的价值增值，通过产品和服务的融合、客户全程参与、企业相互提供生产性服务和服务性生产，实现分散化制造资源的整合和各自核心竞争力的高度协同，达到高效创新的一种制造模式。目前，对制造业服务化的商务模式研究主要集中在以下3个方面：一是服务型制造的基本概念、流程重组、组织形态和行为方式转变等；二是服务型制造的发展模式，包括将生产性服务整合到原有制造业务、从单纯产品销售到提供成套服务解决方案，以及制造企业整体转型为服务提供商等；三是关于服务的类型，包括无物料服务、结果导向服务、基于产品的服务和生态设计服务等。随着信息化的推进，研究和实践表明，信息化是支持制造向服务转型的关键。

服务型制造是制造与服务相融合的新产业形态，是先进的制造模式。它是为了实现制造价值链中各利益相关者的价值增值，通过产品和服务的融合、客户全程参与、企业相互提供生产性服务和服务性生产，实现分散化制造资源的整合和各自核心竞争力的高度协同，达到高效创新的一种制造模式。

综上所述，本文认为：服务型制造是制造与服务相融合的结果，是制造业服务化的一种制造模式。服务型制造通过对产品生命周期各阶段的服务增强和客户的全生命周期参与实现制造价值链中各利益相关者的价值增值，为客户提供服务和产品的组合，通过客户全程参与、企业相互提供服务和生产，实现制造资源的整合和优化，使企业核心竞争力得到提高的一种制造模式。

总体来说，在宏观上发展服务型制造有助于实现中国经济增长方式转型，变"中国制造"为"中国创造"；在微观上，服务型制造是企业摆脱同质化竞争，形成产品差异性和企业之间非价格竞争的重要手段。服务环节正在成为制造企业的重要环节，对服务阶段的研究具有非常重要的现实意义和理论意义。服务型制造的一个重要特征就是面向产品全生命周期的服务，对传统的生产制造进行服务增强。

1.6 制造业服务化的趋势及进展

1. 全球制造业服务化的趋势

西安交通大学汪应洛教授研究了 21 世纪的装备制造业发展趋势，其中有 3 个趋势与制造业服务化紧密相关：环保压力是装备制造业发展的机遇与挑战；服务在装备制造业价值链中的比重上升；产品多样化和客户个性化需求。服务化转型有利于保护环境，增加顾客满意度与企业效益。作者通过梳理文献，总结了制造业服务化发展的全球趋势。

1）产业价值链由产品为中心向提供服务为中心进行转变。如国际著名企业 IBM 和 GE 等早在 20 世纪 90 年代初开始实施服务化战略，并在 21 世纪初已完成服务化转型，并且服务收入占据了相当大的比例，服务在制造业中扮演了至关重要的角色。

2）制造业与信息技术的融合发展日趋明显。随着科学技术的发展，尤其近年来大数据、物联网及"互联网+"等新一代技术的发展，这些技术与制造业联系得越来越紧密，为制造业服务化转型奠定了基础。

3）服务收入在制造业中比重不断增加。表 1-4 为德勤公司调查 80 家制造企业服务收入占比的结果，由表可看出，所有调查的公司服务平均值在 26% 以上，国防和航空服务收入平均达到了 47%，汽车制造行业达到了 37%，由此可知服务在高端装备制造企业中极其重要。

表 1-4　全球制造业服务收入占比

调研行业	服务业收入平均值	最高的 10% 企业
国防和航空	47%	超过 50%
汽车制造	37%	超过 50%
电子信息产业	19%	超过 50%
生物和医药设备	21%	超过 50%
所有制造公司	26%	超过 50%

资料来源：德勤公司，"基于全球服务和零件管理调研"研究报告。

4）全球制造业服务化差距变小。根据英国学者 Neely 的调查（见图 1-3）；2007~2011 年美国制造业服务化程度最高，由 2007 年的 57.68% 到 2011 年的 55.14%；许多国家没有较大的变化；中国服务程度变化最大，从 2007 年的不足 1% 到 2011 年的 19.33%。从数据中可以得出两个结论：第一，中国制造企业服务化水平远远低于发达国家；第二，中国制造企业对服务化的重视程度逐渐提升，中国制造企业正在向高价值方向移动，服务化是制造企业的大趋势。

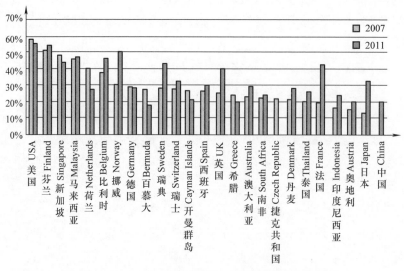

图 1-3　主要国家制造业服务化的情况

资料来源：英国学者 Neely 的调查（2011）。

5）制造企业提供的服务类型逐渐多元化。英国学者 Neely 对服务化企业进行了系统的研究，通过分析 190 个国家和地区的 46000 家公司组成的 OSIRIS

数据中排名前 50 的制造企业，总结出制造企业能够提供的 12 种服务，具体见表 1-5。

表 1-5　企业提供的服务类型及所占比例

提供的服务类型	提供服务的企业数占全部样本的比例（%）
咨询服务	2.69
设计和开发服务	21.92
金融服务	3.89
安装和实施服务	5.10
租赁服务	1.07
维护和支持服务	11.94
外包服务和运营服务	1.68
采购服务	1.15
知识产权和房地产	3.83
零售和分销服务	12.18
系统解决方案	15.70
客运和货运服务	0.20

资料来源：英国学者 Neely 的研究（2007）。

2. 我国制造业服务化的进展

1）国家政策支持。2007 年国务院下发的《关于加快发展服务业的若干意见》中明确提出要着力拓展生产性服务业，促进现代制造业与服务业有机融合、互动发展。2015 年国务院印发《中国制造 2025》，明确提出积极发展服务型制造和生产性服务业，加快制造与服务的协同发展，推动商业模式创新和业态创新。以上政策的支持为我国加快制造业服务化转型、促进产业结构优化升级创造了良好的环境。

2）制造企业服务化进展。我国一些制造企业开始由产品制造商向服务方案解决商转变（如海尔集团和陕鼓等）。表 1-6 为中国机械工业联合会 2009 年对制造企业的调查。其中有 14 家企业开展了 1 种服务，33 家企业从事 2~5 种服务，12 家企业开展的业务种类多达 6~9 种。可以看出我国的制造企业逐渐重视服务化战略，积极进行服务化转型。

表1-6　2009年调查的企业已开展服务类型情况

序号	现代制造服务业务类型	企业数	占比（%）
1	研究开发、设计、试验	45	56.25
2	检测、维修、零部件定制服务	39	48.75
3	工程总承包、整体解决方案	32	40.00
4	第三方物流、供应链管理优化	21	26.25
5	长期协议服务	16	20.00
6	会展、培训	15	18.75
7	电子商务	12	15.00
8	基于网络的内容服务	11	13.75
9	咨询、诊断、评估、审计	11	13.75
10	产品回收、处理、再制造	10	12.50
11	软件开发与应用、SaaS（软件即服务）、PaaS（平台即服务）	9	11.25
12	设备租赁、担保、再保险	5	6.25

资料来源：中国机械工业联合会课题组，《发展现代制造服务业途径的研究》，2009年。

3. 我国制造业服务化的问题

制造业服务化自2006年被我国学者和企业界所重视，在我国发展历程较短，作者通过文献及服务化相关书籍总结了当前服务化存在的问题。

1）制造企业对高端服务的需求不足。从企业方面讲，我国的大部分企业仍然以组装和加工为主，处于微笑曲线的最中间，利润薄弱，没形成自己的核心技术能力[24]。与世界知名制造企业相比，我国制造企业的规模相对较小，实力弱，影响服务业务的开展。

2）企业对服务化战略的认识不充分。从总体上看，装备制造企业服务化转型处于起步阶段，受思想观念、市场环境、政策体制和经济基础等原因的影响，服务意识薄弱，认为生产才是企业的重要部分，对当前的制造趋势没有深刻认识。

3）服务化转型的市场环境尚不完善。总体上看，面向制造业发展的物流、金融和商业等领域的市场开放和改革相对滞后，我国市场经济体系仍需完善，知识产权问题未得到有效解决，社会诚信体系未完全建立，部分市场开放程度较低，监管体系不完善。另外，我国在服务业的科技、税收、融资及税收等方面的支持力度不够，这是制造业服务化发展的缺陷之一。

4）制造业服务化缺乏专业人才支持。在制造业服务化的转型过程中，面向高端服务的如金融租赁、在线维护和物流运输等需要高层次、复合型人才，专业人才不足是服务化发展的瓶颈之一。一方面企业自身对人力资源的开发和管理不足；另一方面，我国现有教育体系对服务业的专业人才培养模式与现代服务业发展需求存在脱节，难以适应转型对人才的需要。

1.7 西部地区制造业服务化的现状

从两个层面衡量陕西省制造业服务化水平。在产业层面上，运用投入产出法衡量投入服务化水平；在企业层面上，运用问卷法对产出服务化水平进行初步的调查。通过本节的研究，可以了解到陕西省服务化水平状况与服务化存在的主要问题，能够促使产业部门和装备制造企业认识到加快服务化转型的必要性。

1.7.1 服务化水平的测量方法

1. 投入服务化的测量方法

关于投入服务化，目前主要采用投入产出法。即利用投入产出表，计算出服务要素投入对装备制造业的贡献。2006 年刘继国基于 OECD（经济合作与发展组织）中 9 个国家的投入产出表，运用计算依赖度系数计算了制造业投入服务化水平。2012 年魏作磊等[25]运用投入产出法分析我国与发达国家制造业投入服务化的趋势。2014 年黄群慧和霍景东[26]运用投入产出表构造服务化指数，研究了 20 个不同国家的服务化水平。近年来，学者李靖华[27]、许立帆等相继运用投入产出表研究了制造业投入服务化水平。

2. 产出服务化的测量方法

通过文献发现，多数学者对服务化水平的研究集中在投入服务化角度，对产出服务化的研究较少。由现有文献可知产出服务化水平的测量方法主要有两种：问卷调查法和专业数据库法。英国学者 Neely[3]用制造企业提供的服务数量表示产出服务化水平。我国学者黄群慧[26]根据 2012 年中国上市公司年报，利用服务业务收入占总收入的比重表示产出服务化水平，大多数企业的水平低于 20%，服务收入普遍不高。王小波指出制造业产出服务化的高低取决于两个方面：服务产品种类的多少和服务收入占营业收入的比重，种类越多、服务收入比重越高，产出服务化水平越高。

3.本文对服务化水平测量方法的选择

1）投入服务化。投入产出表法运用比较广泛且具有代表性，数据相对容易获取。因此，本文运用陕西省投入产出表计算陕西省装备制造业的投入服务化水平。

2）产出服务化。服务化对我国来说是一个较新的领域，多数学者对服务化水平研究的焦点为投入服务化，因此，对产出服务化尚无直接的产出服务化水平统计。除此之外，公布服务收入的企业较少并且多为上市公司。因此考虑陕西省的实际情况，本文选择问卷调查法初步分析陕西省装备制造业产出服务化水平。

1.7.2 投入服务化分析

1.方法与数据来源

（1）投入产出分析法　投入产出表是用来研究经济系统各个部门之间投入与产出依赖关系的表，被广泛应用在经济研究领域。其中，投入产出表中的列模型是表示生产经营中的各种投入变化。本文主要利用投入产出表的列模型进行投入服务化测量。列模型的表达式为

$$中间投入 + 增加值 = 总投入$$

数学表达为

$$\sum_{i=1}^{n} x_{ij} + N_j = X_{\cdot j} \quad (j=1, 2, \cdots, n) \tag{1-1}$$

式中　x_{ij}——中间投入量，表示 j 部门生产经营中直接消耗的第 i 部门产品或服务的价值量；

　　　N_j——增加值，指生产过程创造的新增价值和固定资产转移价值；

　　　X_j——j 部门的总投入。

直接消耗系数 a_{ij} 的计算公式为

$$a_{ij} = \frac{x_{ij}}{X_j} \quad (i, j=1, 2, \cdots, n) \tag{1-2}$$

魏作磊运用依赖度系数进行服务化测量，所谓依赖度是指在某个行业的生产中，某项中间产品的直接消耗系数占全部中间产品直接消耗系数的比重，用 d_{ij} 表示。其计算公式为

$$d_{ij} = \frac{a_{ij}}{\sum_{i=1}^{n} a_{ij}} \quad (i, j=1, 2, \cdots, n) \tag{1-3}$$

式中 a_{ij}——直接消耗系数；

$\sum_{i=1}^{n} a_{ij}$——第 j 个行业全部中间产品的直接消耗系数之和。

（2）数据来源与说明 本文选择陕西省 2002 年、2007 年和 2012 年的投入产出表作为基本数据。2006 年刘继国按照西方国家服务业的分类，研究了生产服务业、分销服务业、通信服务业和社会及居民服务业对制造业的投入服务化程度。由于服务业的分类有不同的统计口径，本文选择的服务业参照 2013 年国家统计局统计标准，结合陕西省投入产出表，以 14 类服务业为基础。本文研究的装备制造业分为 7 个类别，装备制造业投入服务化水平的测量指标见表 1-7。

表 1-7 装备制造业投入服务化水平的测量指标

装备制造业	服务业
金属制品	交通运输、仓储和邮政
通用、专用设备	批发零售
交通运输设备	信息传输、软件和信息技术服务
电气机械和器材	住宿和餐饮
通用设备计算机和其他电子设备	金融和保险
仪器仪表及文化办公机械制造业	租赁和商务服务
	房地产业
	科学研究和技术服务
	水利、环境和公共设施管理
	居民服务、修理和其他服务
	教育
	卫生和社会工作
	文化、体育和娱乐
	公共管理、社会保障和社会组织

2. 投入服务化水平

为研究陕西省装备制造业投入服务化现状，本文进行了投入服务化水平的纵向比较与横向比较，纵向比较即对运用投入产出法根据 2002 年、2007 年和 2012 年的投入产出数据分别计算出装备制造业对服务的依赖度系数，进而分析 2002 年到 2012 年的投入服务化变化趋势。横向比较即计算出广东、江苏、浙江、天津及全国的投入服务化水平，将陕西省和以上省份或直辖市同一个统计周期的投入服务化水平进行对比。

（1）纵向比较　按照式（1-2）和式（1-3），计算出 2002 年、2007 年及 2012 年的投入服务化水平，见表 1-8。

表 1-8　陕西省装备制造业的投入服务化水平　　　（单位：%）

行业	2002 年	2007 年	2012 年
金属制品	14.87	5.92	9.72
通用和专用设备	19.72	9.23	11.76
交通运输设备	20.03	5.26	13.64
电气机械和器材	18.92	9.83	13.04
通信设备、计算机和其他电子设备	17.34	8.52	15.29
仪器仪表及文化办公机械制造业	26.58	11.36	11.97
投入服务化平均水平	19.58	8.35	12.57

根据表 1-8 可得出以下几条结论：

1）2002 年投入服务化水平高于 2007 年和 2012 年，2007 年投入服务化水平最低。

2）2002 年投入服务化的平均水平为 19.58%，超过平均水平的行业有仪器仪表及文化办公机械制造业、通用和专用设备、交通运输设备，其中仪器仪表及文化办公机械制造业的服务化水平最高，为 26.58%；金属制品，以及通信设备、计算机和其他电子设备的服务化水平相对较低。2007 年的平均水平为 8.35%，其中，通用和专用设备，电气机械和器材，通信设备、计算机和其他电子设备，以及仪器仪表及文化办公机械制造业的投入服务化水平超过平均水平。2012 年的平均水平为 12.57%，交通运输设备、电气机械和器材以及通信设备、计算机和其他电子设备均超平均水平。

3）总体而言，2002 年到 2012 年，陕西省装备制造业投入服务化水平经历了先降后升的过程。2002 年到 2007 年，平均水平下降了 11.23%；2007 年到 2012 年，平均水平上升了 4.22%。另外，不同的装备制造业的投入服务化水平不同，有些行业差距比较明显。

（2）2002 年~2007 年投入服务化水平下降的原因　为了调查原因，根据投入产出表的原始数据发现，2002 年投入产出表中的交通运输、仓储及邮政业、批发和零售业两者对装备制造业的投入量较大，而 2007 年批发零售业的投入量大大下降。为了更好地解释，本文计算出 2002 年、2007 年及 2012 年装备制造业投入对细分服务行业的依赖度系数，见表 1-9。为更好地体现制造业对细分服务的变动情况，根据表 1-9 绘制装备制造业对细分服务业的依赖度柱状图，如图 1-4 所示。

表 1-9　装备制造业对细分服务业的依赖系数　　　　（单位：%）

服务行业	2002 年	2007 年	2012 年
交通运输、仓储及邮政业	5.02	2.02	2.54
信息传输、计算机服务和软件业	0.47	0.19	3.00
批发和零售业	4.97	0.10	0.95
住宿和餐饮业	1.30	0.88	0.33
金融业	4.29	1.23	2.32
房地产业	0.29	0.23	0.19
租赁和商务服务业	0.93	1.12	2.04
科学研究与技术服务	0.96	1.18	0.12
水利、环境和公共设施管理业	0.57	0.05	0.01
居民服务和其他服务业	0.18	0.41	1.02
教育	0.12	0.13	0.07
卫生、社会保障和社会福利业	0.13	0.68	0
文化、体育和娱乐业	0.34	0.15	0.07
公共管理和社会组织	0	0	0.02

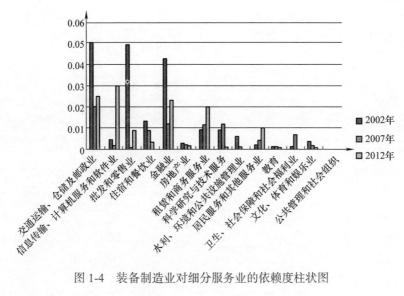

图 1-4　装备制造业对细分服务业的依赖度柱状图

由表 1-9 可知，批发和零售业由 2002 年的 4.97% 下降到 2007 年的 0.1%，交通运输、仓储及邮政业由 2002 年的 5.02% 下降到 2007 年的 2.02%，金融业由 2002 年的 4.29% 下降到 2007 年的 1.23%，三者下降之和为 10.93%，是陕西省投入服务化水平大幅度下降的主要原因，其中最主要的原因是由批发和零售业的服务下降导致的，仅此行业就下降了 4.87%。这说明中国制造业处于低端价值链，以组装加工为主，关键零部件经过销售渠道和批发商渠道进行，批发和零售及交通运输服务的下降导致整体水平下降。魏作磊同样得出了 2002 年到 2007 年投入服务化水平下降的趋势，对于金融业的下降解释为我国金融市场部门提供的服务种类较少，局限于贷款业务，从而导致了制造企业的融资渠道单一。因此可以得出：制造业部门使用的金融保险服务投入单一，导致了服务化水平下降。

（3）装备制造业对生产性服务的依赖度系数　生产性服务业与装备制造业紧密相关，关于生产性服务业的发展已经上升到了《中国制造 2025》国家战略层面。因此，本文有必要研究服务化过程中生产性服务业的贡献。据 2015 年国家统计局统计标准，结合陕西省投入产出表，本文研究的生产性服务包括 8 类：①交通运输、仓储及邮政；②信息传输；③软件服务和信息技术服务；④批发零售服务；⑤住宿和餐饮服务；⑥金融业；⑦租赁和商务服务；⑧科学研究和技术服务。根据式（1-3），计算装备制造业对生产性服务的依赖度系数。表 1-10 揭示了陕西省装备制造业对生产性服务业的依赖度系数，其中生产服务百分比计算公式如下

$$生产性服务百分比 = \frac{生产性服务依赖度系数}{全部服务依赖度系数} \times 100\% \qquad (1-4)$$

表 1-10　陕西省装备制造业对生产性服务的依赖度系数

行业	2002 年	生产服务百分比	2007 年	生产服务百分比	2012 年	生产服务百分比
金属制品	0.1377	92.60%	0.0440	74.37%	0.0920	94.63%
通用、专用设备	0.1835	93.07%	0.0760	82.38%	0.1060	90.17%
交通运输设备	0.1843	92.03%	0.0404	76.81%	0.1149	84.23%
电气机械和器材	0.1744	92.17%	0.0895	91.06%	0.1165	89.32%
通信设备、计算机类	0.1669	96.26%	0.0672	78.91%	0.1356	88.65%
仪器仪表等办公用品类	0.2300	86.51%	0.0852	75.00%	0.0834	69.63%
装备制造业平均水平	0.1795	92.11%	0.0671	79.75%	0.1081	86.11%

第1章 制造业服务化

根据2002年、2007年和2012年三个周期装备制造业对生产性服务的依赖度系数可知，生产性服务化水平在整个服务化过程中具有重要作用。由表1-10可知，三年的平均生产性服务占投入服务化的比重分别是：92.11%；79.75%及86.11%，这为陕西省装备制造业服务化指明了方向。在今后的装备制造业服务化进程中，加快发展研发设计和技术知识等科技服务业，发展服务外包、融资租赁和售后服务等生产性服务业，对提高陕西省装备制造业投入服务化水平具有显著的作用，生产性服务也是今后发展的重点服务。

（4）横向比较 本文对陕西省装备制造业投入服务化水平和我国东部发达省份及直辖市的服务化水平进行横向比较，由于有些省份2002年的投入产出表未查阅到，本文选取了2007年与2012年陕西、广东、江苏、浙江、天津及全国的投入产出表作为基础数据，利用式（1-2）和式（1-3），分别计算出装备制造业对服务的依赖度系数，计算结果汇总后见表1-11。

表1-11 全国、各省份及直辖市装备制造业的投入服务化水平 （单位：%）

行业	2007年投入服务化水平						2012年投入服务化水平					
	陕西	广东	江苏	浙江	天津	全国	陕西	广东	江苏	浙江	天津	全国
a	5.92	9.83	9.24	10.97	21.34	9.60	9.72	8.94	13.25	11.83	9.79	13.24
b	9.23	9.54	11.26	13.26	21.47	11.52	11.76	11.56	10.18	11.63	14.85	15.83
c	5.26	7.01	10.37	12.36	26.37	10.48	13.64	10.94	9.84	9.32	9.78	16.43
d	9.83	8.66	9.98	12.40	21.17	10.98	13.04	10.78	8.65	9.64	13.37	13.50
e	8.52	6.77	11.05	13.14	24.44	11.35	15.29	4.48	4.80	11.13	12.01	15.35
f	11.36	4.55	10.75	13.51	33.90	10.58	11.97	8.95	10.17	12.17	16.34	17.25
g	8.35	7.73	10.44	12.61	24.78	10.75	12.57	9.27	9.48	10.95	12.69	15.27

资料来源：根据以上省份、直辖市及全国2007年和2012年投入产出表计算得出。

备注：a—金属制品；b—通用和专用设备；c—交通运输设备；d—电气机械和器材；e—通信设备、计算机和其他电子设备；f—仪器仪表及文化办公机械制造业；g—装备制造行业的平均水平。

为了直观比较陕西省与其他省份、直辖市及全国的投入服务化变化趋势，根据表1-11绘制投入服务化水平趋势图，如图1-5和图1-6所示，横轴代表不同的装备制造行业，纵轴为投入服务化水平。

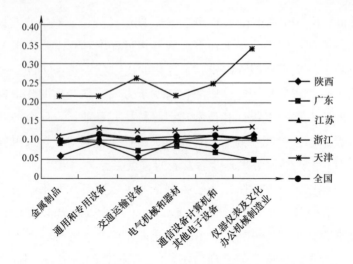

图1-5　2007年装备制造业投入服务化水平趋势图

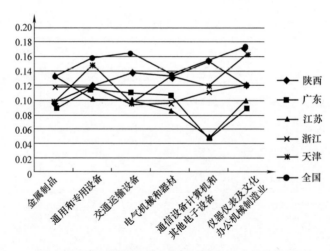

图1-6　2012年装备制造业投入服务化水平趋势图

根据图1-5和表1-11可知，2007年陕西省装备制造业中金属制品、通用专用设备及交通运输设备的服务化水平均低于广东、江苏、浙江、天津及全国水平；电气机械和器材，通信设备、计算机和其他电子设备，仪器仪表及文化办公机械制造业，仅仅略高于广东，落后于浙江、江苏、天津及全国水平。说明2007年陕西省装备制造业服务化水平仍然处于很低的水平。根据图1-6可知，2012年陕西省装备制造业投入服务化水平有所提升，其中交通运输设备，电气机械和器材，通信设备、计算机和其他电子设备的投入服务化水平上升较明显，服务化水平均高于其他省份及直辖市。但是金属制品、通用和专用设备仪器仪表及文化办公机械制造业的投入服务化水平仍然较低，相对落后于东部发达省份及直辖市。

总体而言，可以得出以下两条结论：

1）2012年投入服务化水平相对2007年均有所提高，金属制品提高了3.80%；通用和专用设备提高了2.53%；交通运输设备提高了8.38%，提升水平最高；电气机械和器材提高了3.21%；通信设备、计算机和其他电子设备提高了6.77%；仪器仪表及文化办公机械制造业提高最少，为0.61%。由此可知，不同行业的服务化发展水平不同。

2）2012年陕西省投入服务化平均水平为12.57%，低于全国水平的15.27%；从国际视角分析，魏作磊研究了OECD美、日、德、法、英制造业对服务业的投入程度，且这些国家的服务化程度呈现逐渐增长的趋势，其中2005年投入服务化水平分别为36.90%、29.20%、28.35%、24.61%及36.77%。刘继国研究OECD国家投入服务化水平时，20世纪90年代中期已超过20%。虽然统计制造业和服务化的口径有所不同，但是陕西省装备制造业投入服务化水平较低仍然是一个不争的事实。

1.7.3 产出服务化分析

1. 企业提供服务的数量

本文采用企业提供服务种类的数量和服务收入所占比例表示产出服务化水平。作者在文献研究的基础上，选取了18种与装备制造企业相关的服务作为调查选项。收集有效问卷133份，表1-12为提供某项服务的企业及所占比例。

表1-12 提供某项服务的企业及所占比例

服务类型	企业数量	比例	服务类型	企业数量	比例
产品安装与调试	113	85%	产品运输与物流	100	75.2%
产品维修与维护	121	91%	旧产品回收	34	25.6%
产品翻新与升级	103	77.4%	采购服务	90	67.7%
产品设计与研发	116	87.2%	咨询服务	109	82%
代理中介服务	29	21.8%	信息服务	92	69.2%
系统解决方案	107	80.5%	金融服务	22	16.5%
产品质量保证	125	94%	租赁服务	33	24.8%
产品技术支持	121	91%	客户培训	90	67.7%
零售与分销服务	91	68.4%	外包与运营服务	41	30.8%

由表1-12可以看出，有80%以上的企业提供产品安装与调试、产品维修与维护、产品设计与研发、系统解决方案、产品质量保证和产品技术支持，与之对比，提供代理中介服务、旧产品回收、金融服务和租赁服务等方面的服务的装备制造企业数量较少。此调查结果说明了：①制造企业对传统服务比较重视，对知识密集型的现代服务业重视程度较低；②企业还没意识到旧产品回收（25.6%）服务的重要性，近年来国内外手机制造商纷纷提出了"以旧换新"服务，比如苹果、华为、魅族、奇酷和小米等，此服务对提高顾客忠诚度和顾客满意度，以及保护环境等方面起到了重要的作用。

2. 装备制造企业的服务收入

根据收集的调查问卷，运用SPSS软件进行统计得出表1-13，即针对陕西省装备制造企业进行调查的服务收入情况。

表1-13　产出服务化的服务收入所占比例

服务收入比例	调查企业频数	企业百分比
10%以下	63	47.4%
10%~20%	28	21.1%
20%~30%	19	14.3%
30%~40%	11	8.3%
40%~50%	6	4.5%
50%以上	6	4.5%
总计	133	100%

由表1-12可知，有47.4%的企业服务收入在10%以下，21.1%的装备制造企业服务收入在10%~20%，服务收入在30%~40%的企业仅占8.3%，服务收入在40%以上的企业仅占9%。虽然本次调查采用的问卷调查法，但是从一定程度上也可以反映陕西省装备制造企业对服务化的重视程度太低。对比而言，IBM的服务收入比重已从1994年的26%提高到2009年的60%。可知，陕西省装备制造业服务化程度与国际企业服务化程度有一定差距，急需实施服务化战略，加强服务在制造产品中的投入。

1.7.4　制造业服务化存在的问题

本文采用了问卷调查法，对陕西省主要的装备制造企业进行了调查，得出以下结论。

1. 服务种类齐全但受重视程度不同

由调研可知，多数受访企业注重产品的研发设计服务及售后服务等传统型服务，但是对金融和租赁服务等知识密集型服务的重视程度相对较低。要想更好地实施服务化，必须重视知识型服务，同时针对客户需求及时开发新服务，这样新的商业模式才能顺利进行，企业才能从服务化中获得更大的利润。

2. 调研企业服务收入占企业总收入的比例小

由图 1-7 可知，约 50% 的装备制造企业服务收入比例不到 10%，服务收入占 50% 以上的企业仅占调查企业的 4.51%。由此可知，调研企业的服务化处于初级阶段，甚至很多企业还没意识到服务的作用，调研企业对服务化的重视程度有待提高。

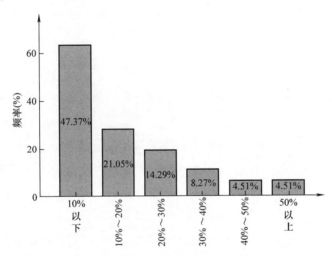

图 1-7　服务收入占总收入的百分比

3. 34.6% 的企业未设置独立的服务部门

根据陕西省装备制造企业的调查，有 34.6% 企业未设置独立的服务部门。国外学者研究指出，随着商业模式的改变，组织结构也应随之改变。单独的服务部门，有利于形成专业的服务团队，能够加强与顾客间的联系，促进新服务产品开发，满足顾客的个性化需求，在这方面陕西省装备制造企业有待提高。

4. 装备制造企业的服务模式不同，功能性服务占比最小

如图 1-8 所示，产品延伸服务所占比例最大为 45.86%。其次，整体解决方案占比 42.86%，功能性服务所占比例最小为 11.28%。由此可知，陕西省装备

制造业服务化处于初级阶段，服务的方式大多是在产品中增加简单服务，对产品与服务进行捆绑销售。理论上功能性服务是服务化转型的最终目标，但是面向应用的服务模式所占比例较小，仅有11.28%的企业提供该项服务。由此可知，陕西省的装备制造业服务化之路还很长。

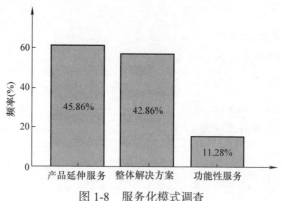

图1-8 服务化模式调查

作者首先根据陕西省2002年~2012年的投入产出表计算投入服务化水平，并按照时间维度进行了纵向比较，数据显示陕西省投入服务化水平较低，3个统计周期的平均水平为19.58%、8.35%和12.57%，呈现先降后升的波动。同时分析了装备制造业对生产性服务业的依赖度系数，数据显示，生产性服务是服务化中的中坚力量。其次，进行了投入服务化的横向比较，数据显示2007年服务化水平低于广东和浙江等沿海省份；2012年服务化水平有显著提升，但总体仍低于全国水平，与OECD国家相比有较大差距。最后，对产出服务化进行了调查并总结了陕西省装备制造企业存在的问题。由此可见，陕西省装备制造业服务化转型过程处于起步阶段，无论是从投入角度还是从产出角度，陕西省装备制造业服务化水平均较低。正因如此，才有必要进一步深入研究转型过程中的影响因素，为探寻服务化转型途径和加快陕西省服务化转型提供理论基础。

1.8 服务知识支持系统

1.8.1 服务化与知识管理

在市场向客户化个性化为中心转移的时候，服务逐渐成为各个企业争夺客户的主要手段。客户注重产品的"总体拥有成本"，它包含产品的购买价格及产品的服务。未来的服务不再只是产品销售以后的事情，而是针对产品的全生命周期为客户提供全方位的服务。这种需求，主要反映在客户要求制造商或供应商对产品服务提供快速、高效的服务，包括售前的培训和宣传，直至产品全生命周期的服务。因此，制造企业的产品服务及制造业服务增强引起了研究者的广泛关注，制造企业如何为客户提供快速、高效的服务，如何提升产品服务的效率和质量成为现阶段要解决的重要问题。

总体来说，制造业服务化的推进、知识管理技术和方法的成熟，促使发展产品服务知识支持系统具有必要性和可行性。

（1）制造业服务化的发展趋势，要求发展服务知识支持系统　近年来，一些明显的环境和产业的变化使得制造业的服务化成为一种世界范围的新趋势。这些变化主要表现在3个层面：

1）消费行为的转变：终端顾客由传统的对于产品功能的追求转变为基于产品的更为个性化的消费体验和心理满足的追求。这使得产品在制造环节更加地贴近客户的需求和心理满足，最终表现为对客户服务价值实现的追求。

2）企业间合作和服务的趋势：传统的由单个核心企业转变为企业间密切的合作联系，企业间通过密切的交互行为，充分配置资源，形成密集而动态的企业服务网络。

3）企业模式转变：世界典型的大型制造企业纷纷由传统的产品生产商转变为基于产品组合加全生命周期服务的方案解决商。

随着世界的高度信息化和经济全球化，产品质量和产品技术的同质化程度提高，同行业间产品模仿能力逐渐增强，产品的创新成本越来越高，但产品的生命周期却越来越短。在这种情况下，产品服务增值的竞争方式逐渐为企业所重视，服务增值能力逐渐成为企业新时期的竞争优势。在买方市场下，人们对产品的需求已不再仅满足于产品的基本功能，个性化需求越发明显，导致整个市场运行规则发生改变，对有利于体现或实现消费者自身个性的产品，顾客愿意付出很高的价格；反之，再便宜的产品也不会购买。服务作为实物产品的附加，是企业为顾客提供的无形价值。因此厂商能否生产出满足消费者个性的产品是实现其产品价值（包括产品服务的无形价值）的关键。

迈克尔·波特在《竞争优势》中，用价值链来反映企业的价值增值活动，将"服务"视为企业价值创造的5种基本活动之一，表明"服务"是形成企业利润和价值创造的重要源泉。由于价值链的加工制造环节易被模仿，通常是短期的低成本优势,而服务环节尤其是研发、设计、营销和售后服务等不宜被模仿,能够获得较长时期的差别化竞争优势,因此制造企业为了获取竞争优势,往往以加工制造环节为起点,向研发和营销等服务环节延伸。这种由靠加工制造获取竞争优势向靠服务活动获取竞争优势的转变,使制造企业日益关注价值链的服务环节,导致制造业服务化现象,即制造企业为了获取竞争优势,将价值链由以制造为中心向以服务为中心转变[28]。

德鲁克也曾指出,制造业的起点不是生产和制造产品,而是生产出服务以使顾客能充分享有来自产品的各种利益。在这种情况下,产品制造是成本中心,而服务则成为利润中心。在大多数价值链中,制造环节的利润越来越低,利润已从产品的制造环节分别转向其上游(研发和融资)和下游(销售和产品服务)环节。Bainesetal 则将产品服务系统定义为向顾客传递使用价值的产品与服务的一体化整合。Ward 认为制造业服务化是制造企业增加所提供服务的范围的活动。Ren 和 Gregory 认为制造业服务化是制造企业开展服务导向,开发更多、更好的服务,以满足顾客需要、获取竞争优势和提升企业绩效的变革的过程。T.S.Baines 等认为制造业服务化是一种组织能力和过程的创新,通过从卖产品向卖产品服务系统的转变来更好地创造价值。Quinn 提出"以服务为基础的企业"的概念,进一步阐明服务对制造业价值创造和保持长期竞争优势的重要性。根据德勤的调研,2005 年世界最大的制造企业中,其一半以上的收入来自于企业的服务行为。

由此可以看出,对制造商而言,服务的增强可以进一步满足客户个性需求,提高产品的差异性和竞争力,带来更大的利润和市场份额。对客户而言,通过服务可以使其多样和快速变化的需求得到满足。此外,通过购买诸如操作培训、运行监测与主动性维护维修等服务,还可以帮助客户提高产品的使用效率与工作可靠性,从而最大限度地发挥产品效能,为客户获得更多效益。对环境而言,服务的融合可使制造商更加关注产品的使用、回收等生命周期的后期阶段,关注产品使用对环境的影响,考虑产品的回收问题,从而最大限度地降低产品对环境的影响,促进生产和消费的可持续性。

(2)知识管理思想和方法的成熟,使产品服务知识支持系统具有可行性

随着知识经济的到来,制造业的服务在其发展过程中受知识环境的促进和影响,日益生长出知识因子,不断向制造业的服务领域全方位地交叉生长,致使服务过程中的知识含量日益突出,日渐明显,在产品服务层次上,形成了广

泛的服务知识化现象。随着信息技术的发展和企业对"顾客满意"重要性认识的加深,服务环节在制造业价值链中的作用愈发突出。在多数企业通过服务来提升企业竞争力的同时,由于知识经济的迅速发展,越来越多的人意识到知识是企业提升核心竞争力的源泉,知识管理理论与产品服务的结合,使得产品服务知识管理系统成为可能。

随着制造企业服务化进程的推进,制造业服务的增强,服务活动越来越密集和频繁,而产品的结构和技术越来越复杂,产品生命周期越来越短,客户对服务的要求越来越高,强烈需要提升产品服务的质量和效率。另外,产品服务过程本身蕴含的知识越来越多,因此,运用日渐成熟的知识管理方法和技术,建立面向制造企业,支持产品服务过程的知识管理系统显得尤为必要。该系统应该能够基于产品生命周期的各个环节,获取产品服务的知识,并且对服务知识进行知识建模,实现对产品服务知识的共享和重用,以提高制造业产品服务的效率和质量。

制造业服务化的最大特点在于突出以服务来实现制造业与客户之间的知识共享与知识创造。一方面,通过服务环节的向前移动,使制造企业的产品的设计和加工环节更多地与客户的特定需求产生互动,从而孕育有利于识别客户需求的产品知识,并使之与具体的产品更好地集成;另一方面,将服务作为企业与客户进一步合作的基础,并将其作为企业获得相关产品和技术发展趋势的知识来源;此外,通过服务来增加客户对制造企业的依赖,制造企业为客户提供具体产品满足其需求,这是制造企业提升竞争优势的最有效途径之一。

目前为适应买方市场竞争,企业纷纷从传统的大规模生产转向顾客化、多品种、快速响应的大规模定制生产模式。但是,大规模定制的研究多集中在制造业等实物产品上,较少考虑与产品密切联系的服务要素[29]。研究基于知识管理的制造商服务支持的提供模式,手段和方法是一个急需解决的问题。

服务逐渐成为企业提高竞争力的重要手段,由产品、服务及其支持网络紧密结合组成的产品服务系统逐渐引起重视。以服务为导向的企业在项目管理、工程服务、维修,零售和保养等服务行业中,越来越感觉到了企业知识的沉淀和提炼问题的重要性。

随着制造业服务的增强,服务过程中所需的知识量日渐增长,包括企业内部各种类型和介质的知识资源的聚集,形成了服务知识管理面临的问题:

1)产品结构越来越复杂,其对应的服务对策和方法也越来越复杂,其中的技术和知识也变得复杂，而服务维修人员需要经过长期培训和大量的经验积累才能胜任产品服务工作。但是产品更新换代的速度日益加快，这就要求企业必须在服务过程中对服务人员或客户给予技术和知识的支持，建立服务知识支持系统，以提高服务的效率和客户满意度。

2）产品服务过程中的知识是复杂的。在知识密集型的复杂产品服务中，服务人员根据产品的具体情况和参数，查找各种资料，对客户提供合理的服务。这些资料或者信息可能存在各种类型的文档、数据库及服务人员的大脑中。由此可见在产品的服务过程中，有许多不同来源的知识（信息），所应用知识的属性也不同，可分为显性知识和隐性知识。显性知识可以是正式知识，保存在文档或数据库中。显性知识主要包括用户说明手册、BOM（物料清单）文档和服务手册等。与此相反，隐性知识则难以捕捉，隐性知识通常在有经验的服务人员个人的笔记和大脑中。这些知识存在，但是没有规范的表示，在需要的时候无法获取。因此，有必要对服务知识的有效表示进行研究。

3）在企业中现有的知识资源难以被未来的服务业务和员工所利用，造成大量的知识沉积和浪费。如何充分发挥制造商的技术和知识优势，从产品的设计和制造阶段获取服务信息和服务知识，成为现阶段要解决的重要问题。为了将知识资源进行共享，提高知识的利用率，必须对服务过程中的知识进行整理和有效表示，以达到知识的共享和重用，为企业创造更多的价值。

如何对这些服务知识进行系统的管理，如何有效地收集产品服务过程中的重要数据，这些数据包括散布在专家和员工头脑中的实践经验、工作技巧和思维方法，成为企业在服务化过程中亟待解决的重要问题。应对服务领域的知识进行有效表示，实现知识的共享，以达到知识的共享和重用，从而提高制造业服务效率和质量，真正提高制造企业的服务能力，从技术上为制造业服务化转型提供支持。

1.8.2　全生命周期的服务支持

在市场向客户化、个性化为中心转移的时候，服务也逐渐成为各个企业争夺客户的主要手段。客户注重产品的"总体拥有成本"，它包含产品的购买价格及产品的服务。未来的服务不再只是产品销售以后的事情，而是针对产品的全生命周期为客户提供全方位的服务。

在产品的生命周期理论中将产品周期分为：产品开发、设计、制造、使用和回收等阶段。实现产品生命周期管理的基础是建立能够贯穿产品开发、设计、制造、使用和回收等各个阶段的统一的全生命周期产品模型。产品生命周期理论指出产品全生命周期模型不仅要包括产品、制造和功能等信息，还包括产品运行、维修、保养和回收服务管理等信息。

从对 PLM 的定义中我们可以看到，服务阶段是 PLM（产品全生命周期管理）中的重要一环，并且服务阶段是产品生命周期中时间最长，与客户、制造企业和第三方维修公司等关系最为密切的一个阶段。随着制造业高度服务化，制造业的产品和服务逐渐融合，产品服务系统（product service system, PSS）由此产生。产品服务系统被认为是一种在产品制造企业负责产品全生命周期服务模式下所形成的产品与服务高度集成、整体优化的新型生产系统。在这种新型的生产系统中，产品制造企业负责对产品全生命周期的服务，这将导致产品和服务发生显著的变化，在降低产品运行的资源消耗、使用和维护成本等方面有明显的作用[30]。

产品在具体的服务过程中涉及很多复杂的因素，包括任务、环境、操作的人及使用流程等。相关情景研究把关注焦点从产品本身转移到产品服务（产品使用）过程中。

全球经济一体化的竞争环境使企业的商业模式正发生质的变化：由"产品是利润来源"、"服务是为销售产品"向"产品是提供服务的平台"、"服务是获取利润的主要来源"转变，服务竞争成为企业间竞争的焦点。对企业而言，与客户建立良好关系、实现客户价值链增值[31]，真正留住客户、吸引新客户及开拓市场乃至企业价值链的增值，在双赢的同时健康发展变得更为重要。良好的客户服务是承载企业运作、决策等诸多信息的载体，甚至可以说是 CRM（客户关系管理）中最能反映企业决策的关键环节[32]。

产品服务系统理论在产生的十几年来一直是研究领域的热点。主要包括：面向产品服务的产品设计技术、面向产品服务的用户需求挖掘技术[33]和产品维修服务技术。近年来，产品服务系统在各领域中的应用也有了较多的研究。产品全生命周期管理(product lifecycle management, PLM)系统软件供应商 Teamcenter 在 2004 年发布了基于服务数据管理的资产维护系统(maintenance, repair, operation, MRO)解决方案，在产品服务阶段对产品的维护、修理与运行等活动进行管理，确保资产价值，降低运营成本，通过增强产品服务提升客户价值[34]。赵永耀等对产品服务系统模型进行分析，研究了针对不同节约潜力的产品，应该考虑不同的政策引导，对产品服务系统的应用有一定的现实意义[35]。朱琦琦等为提升数控加工装备的加工跟踪管理，从使用角度出发，提出了面向数控加工装备的产品服务系统，并对产品服务系统的配置和运行体系进行了研究[36]。樊留群等认为建立面向产品生命周期的数字化服务系统，就是要利用数字化和网络化技术对产品的整个生命周期提供支持[37]。刘新艳从经济学的角度来阐述PSS能够有效提高经济和生态效率的原因[38]。苏立悦以大规模定制的设计方法出发，对产品服务系统的配置和优化进行了研究[39]。张在房和褚学宁等面向产品服务系统的理论，从生命周期、GBOM（制造视图）、产品/维修服务集成等角度研究了产品和服务集成设计的模型和方法[40-42]。

学者们从不同角度对生命周期服务思想和理论进行了研究，徐克圣等针对大型装备知识密集型和技术密集型的特点，从产品生命周期服务理论出发，建立了支持产品生命周期服务的维护与维修支持系统，并对系统的体系结构和功能模型进行了研究。李纪明从企业联盟的现实出发，论述了企业联盟的生命周期，并对该生命周期的服务系统结构和运作模型进行了研究。费仁元等研究了如何利用网络环境构建制造企业的产品全生命周期远程监控服务系统，以及监控服务系统的运作模式，并对系统功能模块、监控服务内容和相关技术进行了详细讨论。徐泳龙等针对复杂装备的售后维修服务需求，结合各种信息技术，提出了基于网络和移动通信技术的装备售后维护维修服务系统，阐述了系统的研制过程及其关键技术。

通常，制造后端的产品售后技术服务比较直观，实际上服务存在于制造的前、中、后端的战略分析，概念创意，规划设计，管理决策，管理维护，软件支持，以及咨询服务等之中，各个环节都要把服务深入进去。由此可以看出，面向产品全生命周期的服务是非常必要的，并且服务是全程化的，伴随着产品生命周期的各个环节，充满了制造业的各业务过程中。因此服务知识的支持也应该是面向产品全生命周期的。

1.8.3　知识管理在服务知识支持系统中的应用

近年来，对知识管理的方法体系和应用研究成为研究的热点。随着知识管理的方法体系的成熟，研究者们对知识管理在各行业的应用也进行了较深入的研究。随着信息化的发展，国内外对知识管理理论的研究日臻成熟，关注的焦点从理念的认识转移到应用研究方面[43]，为企业创造知识、利用知识、创造财富的知识管理（knowledge management，KM）过程是企业面对未来激烈市场竞争和自身发展挑战的克敌制胜的法宝。据统计，知识管理已经广泛应用于计算机与 IT 业 (39.75%)、研究与教育机构 (13.60%)、信息与咨询服务业 (7.32%)、金融与保险业 (3.84%) 和媒体与设计行业 (3.69%)。通过对知识管理系统的应用，企业的创新能力、客户满意度和工作效率等都得到了改善或提高。

从他们的研究中，不难发现知识管理的重要目标是力图将最恰当的知识在最恰当的时间传递给最恰当的人，以便能够做出最好的决策，创造最大价值。制造业中的知识管理研究始于二十年前，而国内开展这方面的研究始于 1998 年。目前制造业中的相关研究主要集中在知识建模与表示、知识共享和重用方面，这些研究对于知识管理在制造业的应用奠定了重要的理论基础。学者们研究了知识分类、知识表示、企业知识的构建，以及知识的共享和集成，利用本体构建了知识管理平台。参考文献 [44] 提出了知识管理系统的理论模型和框架，以及企业知识管理系统的系统架构和实施步骤。

在制造业领域，近几年来国内外的大量研究机构和学者对制造业设计知识管理进行了探索，主要对设计阶段的工程知识进行建模，对设计知识检索和应用进行了研究[45]。制造业设计阶段的知识表示、共享和重用的研究取得了丰硕的成果，对制造业服务阶段的知识表示和共享提供了宝贵的经验，使得服务阶段的知识支持系统在技术上具有可行性。

研究表明知识管理和信息管理在产品和服务的融合中具有非常重要的作用。近年来，将知识管理和数据挖掘技术应用到客户服务系统已成为研究的热门[46]。随着服务经济的到来，客户服务中心成为企业向客户提供知识服务和获取客户知识的门户。随着企业服务模式从"以产品为中心"向"以客户为中心"的转变，以及企业商业智能发展的需要，企业更加重视客户知识的管理，对客户服务中心提出了新的要求。目前，大多客户服务中心在知识服务的主动性、及时性和针对性等方面，都无法满足企业内外部的知识需求，如何提升客户服务中心的知识服务能力成为企业亟待解决的问题。

经过研究发现，客户服务管理本身就蕴涵着知识管理（knowledge management, KM）的因素，被看作是知识敏感型的流程[47]，其实施的关键步骤是通过知识管理来更好地了解客户。客户知识管理包含了客户服务和知识管理原则，并把二者紧密地结合起来。它被定义为构建一个系统来获取客户知识，并运用客户知识及信息技术来建立更有价值的客户关系。知识管理在客户服务系统中的应用研究：宋瑛桥从客户服务部门的知识体系的建立和管理方面展开研究；孟凡博等以客服中心为背景，将知识库引入客服中心的建设与运营中，表达了客户中心建立知识库的必要性；Yi hui Liang 在汽车维修中引入了数据挖掘技术来分析客户价值；刘晓娟等认为构建基于知识管理的客户服务系统能够有效提高客户服务的质量和客户满意度，提出了基于知识管理的客户服务管理系统结构，从知识获取、知识表示、知识查询和转化等角度简单做了介绍；李霞等针对知识型服务机构的知识库进行研究，对其中知识库的构建过程和组织实施进行了详细分析；李武设计了电脑客户服务知识库，并对知识库的管理进行了研究；葛福江将知识管理理论应用于客户关系管理中，形成一种有效的管理客户服务体系，该体系能提供正确的知识以供客户服务中心快速反应顾客的需求；何建新从知识管理角度出发对客户服务管理流程进行了优化；徐瑞平等研究了客户知识管理流程的重要性，并对客户管理和知识管理的整合进行了研究；夏火松对客户知识的获取进行研究，并用 XML（可扩展标记语言）进行表示，提出了共享 CRM 模型；冯勇等为提高企业客户服务中心的知识服务能力，实现企业"以客户为中心"的新型服务模式，提出了构建企业客户服务中心知识推送系统，阐述了知识推送的概念，分析了客户服务中心知识的类型。

大量的文献和试验证明，满足客户的需求是企业在竞争中取胜的关键。由于产品越来越复杂，技术含量很高，操作和维护非常复杂，需要企业提供更多的服务。因此，国内外众多学者对制造企业的远程服务系统进行了研究，主要从远程服务的工程技术角度和远程监控和远程故障诊断方面进行。虞敏等提出了协同服务的新模式，指出复杂产品运行应该与技术服务关联，形成"产品服务捆绑体"。

越来越多的制造企业正在向服务业拓展。随着市场竞争的日趋激烈和知识经济时代的到来，客户对服务的要求越来越高，众多制造型企业认识到良好的顾客关系是企业利润的源泉，而利用知识管理指导客户关系管理，可以提高客户关系管理水平，改善客户关系，为企业赢得持久的竞争优势。宋丽君等以制造型企业为背景，研究了面向制造业的客户关系管理系统的体系结构，应用 .NET 技术，并结合知识管理的先进思想，开发了适合制造型企业的基于知识管理的客户关系管理系统。李勇在对企业知识管理系统的结构进行研究时认为其主要功能包括客户服务功能。认为如何使客户满意，如何取得顾客的需求、偏好和其他有关的知识，从而进行传递、共享和研究开发，变得非常重要。此外，客户的意见和建议对于企业产品的创新也有重大指导意义。邹正宸等设计了一个客户服务中心通用知识库系统，采用 XML 技术表示并构建知识库系统。

客户服务中知识的重用和共享是非常必要的，然而传统的客户服务系统不能实现企业知识的获取和共享，因此研究人员也在不断地把各种服务知识融入本体。Guo 等人对产品知识集成问题进行了分析，提出了一种基于本体的框架，便于企业信息源的产品知识集成，并与 Express 建模语言进行比较。Gimenez 等人认为当前基于互联网的技术使可扩展供应链（ESC）的操作得到增强，从而对 ESC 中管理和共享相关知识提出了新的要求，通过引入产品本体对产品知识框架进行扩展，为分布式产品知识管理系统提供了基础。Lee 等人把系统设计作为一个产品知识库提供服务，设计和构建产品数据库，对产品知识进行搜索和发现等进行了研究。Lee 等人提出一种分布式产品开发结构，该结构由集成知识管理、协作过程管理、工程服务管理和工程文本管理 4 个主要模块构成。以上服务知识的研究主要涉及产品的发布和各种指标引入，可以提高商务服务水平，但没有涉及产品维修、保养和报废等方面的知识，有待进一步研究。

1）制造业服务化的研究正在成为热点，当前对其的研究主要集中在制造业服务化的发展趋势研究、制造业服务化的发展动因及各种制造业服务化的概念辨析方面，但是关于制造业服务增强的策略，制造业服务化的路径选择，服务化的具体措施和具体方法却少有研究。因此，对制造业服务化的研究还处于初级阶段，整体来说，学者已经充分认识到制造业服务化的必然性和发展服务业的重要性，但是目前还不能给企业提供一套操作性强的服务增强或者服务化的解决方案。针对服务化模式的研究也正在展开。Marceau 和 Martinez 将制造和服务间的关联划分为 3 个阶段："常规"阶段、"网络化和外购"阶段及"产品 - 服务包"阶段。其中，第 3 个阶段正是制造业目前发展的趋势，产品和服务可以在产品生命周期的任何一个阶段相互关联而形成一个"包"。将服务和产品关联起来的"解决方案"式的新型竞争战略，企业销售的是"产品 + 服务包"，而不是单独的产品或服务。3 种"产品 - 服务包"模式如下：①产品与服务整合：在生产过程的不同阶段将服务包含进来形成"包"；②产品与服务打包：在售中和售后将服务包含进来；③产品与服务捆绑：为他人生产的产品提供服务（服务企业的战略）。周艳春针对服务化实施战略提出了 4 种模式，分别是：①产品 + 附加服务模式；②增值服务模式；③整体解决方案模式；④去制造化模式。未来的研究方向包括对制造业服务化的概念进一步细化,针对制造业服务模式的特点,研究制造业服务增强的具体措施和服务比重提高的具体实施方法和步骤等。

2)关于产品生命周期的研究在产品的设计和制造阶段相对成熟,认为产品的设计制造阶段是主要增长点,而产品的使用、维护、回收和利用属于产品的中后期阶段。在过去传统的生产制造中,这两个阶段的产品往往被忽视掉,从而不能取得好的经济效益,甚至成了产品生命周期中的一个累赘。因此,对产品中后期的信息研究不够,利用也不够,没能真正实现产品全生命周期管理。目前,产品生命周期理论的研究相对成熟,但是现有的研究几乎都集中在产品生命周期的前期——产品的设计和制造阶段,对于服务阶段的支持更加侧重售后服务支持,但是并没有将服务体现到产品生命周期的全过程,更没有对服务过程进行知识支持。

3)知识管理在制造企业的应用逐渐广泛,主要集中在对产品设计知识的获取、设计知识建模、设计知识表示和共享等方面,对产品的设计知识和设计过程的研究较为成熟,理论成果和应用实践较多;对制造过程和制造知识的研究也在逐渐增加。有学者也将知识管理引入到服务阶段,但都集中在客户知识的管理上,很少有学者将服务知识作为研究对象,纳入到知识管理的体系中。

随着制造业服务化的推进、服务业务的增强及知识管理技术的成熟应用,如何基于产品生命周期管理理论,将服务过程和服务知识运用知识管理的方法和技术进行知识建模,使企业能够实现对服务知识的重用和共享,以提高服务的效率和质量具有重要的理论意义和应用价值。

第 2 章
面向全生命周期的服务知识支持框架

服务是一种为满足别人需求而实施的行为，顾客可以分为外部顾客和内部顾客，所以服务贯穿于产品形成的整个过程，从初始阶段的市场调研、到产品的生产制造、再到报废回收阶段，无不渗透着服务的过程。因此，服务伴随着产品的生命周期，开发面向产品生命周期的服务，具有重要的现实意义。

20 世纪 80 年代以来，科学技术的不断进步、全球化信息网络的不断发展使得生产领域的竞争越来越激烈，为了寻求新的利润空间和竞争优势来源，越来越多的制造企业认识到服务业在创造利润和增强客户满意度方面的发展空间，市场的竞争越来越多地体现在服务上，服务逐渐成为制造企业创造优先客户价值及发展竞争优势的一个关键因素，因此制造企业拓展服务业务势在必行。与管理实践相对应，制造企业服务管理研究成为一个热点问题，研究的深度和广度也不断加强。因此，本章将通过研究制造业服务化的趋势和理论，在服务设计理论的基础上为制造业设计面向产品生命周期的服务业务，并据此提出服务知识的闭环模型。

2.1 全生命周期服务

2.1.1 制造业服务化的推动因素

服务型制造是一种全新的制造模式，它在服务业和制造业不断融合的背景下产生，受两种因素驱动：

第一，内在需求来自市场，顾客消费文化从产品需求向个性化和体验化需求转变，产品同质化现象日趋严重，制造企业亟待通过提供产品和服务克服产品同质化问题和满足顾客需求。

第二，外在压力来自环境，人口过剩、自然资源衰竭和污染的增加，迫使制造企业必须在制造过程中考虑自然资本，同时兼顾经济、社会和生态效益，通过提供更多基于产品的非物质化服务来满足顾客需求。

上述行业内在需求和外在压力双重因素迫使制造业内涵和形势发生改变，再加之信息化技术的发展加速了这种变化进程，服务型制造由此而生。就目前而言，从"生产型制造"向"服务型制造"转型已经成为全球制造业发展的基本趋势。推动这种趋势形成的因素主要有以下几个方面：

1. 客户市场的强化

客户和厂商的市场权力随着时间的推移逐渐向客户方面转移，市场逐渐转向了买方市场。特别是互联网的产生，加快了这种转移速度。所以，从"以产品为中心"向"以客户为中心"转移，向客户提供个性化的全面解决方案是制造企业不得不做出的选择。另一方面，消费行为发生转变，终端顾客由传统的对于产品功能的追求转变为基于产品的更为个性化的消费体验和心理满足的追求。这使得企业在制造环节更加地贴近客户的需求和心理满足，最终表现为对客户服务价值实现的追求。

从制造企业的发展来看，随着顾客需求从单纯的购买产品向购买"效用"转变，制造企业开始通过服务扩展业务范畴。通过在产品的售前、售中和售后等各个环节为顾客提供依托产品的服务，在实现顾客价值提高的同时，拓展了制造企业的利润空间。

2. 企业差异化竞争的需要，服务环节的价值凸显

从价值链来看，最有价值的环节往往在价值链的两端，一是上游环节，例如研发设计服务；二是下游环节，例如售后服务。高价值环节正在从制造环节向服务环节转变。在这种情况下，对制造企业而言，产品制造是成本中心，服务才是利润中心。

在产品制造企业负责对产品全生命周期的服务后，将使产品和服务发生显著变化，在降低产品运行的资源消耗、使用和维护成本等方面有显著作用。

产品服务能够促进产品创新。产品创新的思想往往来自用户，通过服务可以收集用户在使用中和维护产品过程中的经验、教训和建议，帮助企业改进自己的产品；或者根据用户需求生产出新产品，帮助企业进行产品创新，满足市场的需要，只有用户自己知道自己的需求。

企业争取客户的需要。企业利用自己对产品的专业知识获得服务的增值收

益，能够更牢固地锁定用户，有利于新技术在现有用户群中推广，有利于建立企业与用户之间的长期合作关系，提高保护用户利益的能力。

3. 服务体现核心竞争力

产品总是趋于同质化，服务才具差异化。基于现代服务的竞争是获取差异化竞争优势的重要途径。现代制造企业越来越难于从相对标准化的工业制成品中获取竞争优势，以技术和知识为基础的服务，正成为制造企业核心竞争力的基础。通过研究服务增强作用的微观机理，发现制造企业提供给顾客的服务增强产品，可以获得差异化的竞争优势，从而获得高回报。

服务型制造是企业创新的源泉。服务内涵的引入，进一步丰富了产品的内涵，增加了产品的创新特性。服务型制造要求客户全程参与企业的制造环节，从而有助于启发和创造具有创新理念的新产品和新服务。服务型制造提供的是产品和服务的组合，产品和服务的融合更多考虑顾客的认知和行为。顾客主动参与和体验产品的设计、生产和传递过程，有利于企业直接获取顾客的潜在需求信息，这些信息的获取对于企业进行主动创新尤为必要，因此，使得服务型制造成为企业创新的源泉。

服务型制造是产品价值增值的主要源泉。通过针对顾客的个性化服务，企业能够更好地发现顾客的需求，为产品的研发、设计和制造等生产性服务活动奠定需求基础。将顾客引入服务型制造之中，通过为顾客提供产品全生命周期的服务，有利于企业获取更多的价值。在全生命周期服务中，企业能及时发现并创造顾客需求，拓展价值增长空间。在产品的制造环节，通过制造外包等服务性生产活动，可以实现更加精细化的专业分工和规模经济，使得协作企业能够分散风险，提高柔性和效率，创造更多的经济价值。通过研发、设计、金融、营销和售后服务等生产性服务活动，在同质化产品上附加差异化服务，有利于企业摆脱产品同质化的劣势，实现差异化竞争，创造更多价值。

同时，随着科学技术的发展，不同厂商制造的物理产品的差异化日趋缩小。制造企业也开始尝试通过服务创新，以有效挖掘市场，实现差异化竞争，提高利润水平。

4. 服务业对制造业的提升作用

生产性服务业的发展对于制造业的效率有提升作用。制造业生产效率的提高，需要增加作为中间投入的生产性服务的种类和专业化水平，而生产性服务业在提高专业化水平和降低成本方面具有显著的规模优势，能够显著提高服务质量和降低服务成本。在制造业和服务业之间存在着各种类型的物质、信息及知识资源的流动和交换。为了实现规模经济，企业之间的分工日益精细化，传统中存在于制造企业内部的研发、采购、物流、营销，以及行政支持等业务活动，逐渐独立出来，成为新兴的服务企业。通过为制造企业提供专业化的研发、采购、营销和咨询等生产性服务，相互交换技术知识、顾客知识和生产技术知识，实现知识的创新和价值增值，促进新的制造业逐渐成为服务密集、知识密集的产业。通过知识的创新，制造企业能够以更低的成本、更高的效率、更快的速度，实现产品的创新和制造，向顾客交付产品，并提供相应的服务为顾客提供更大的价值。同时，通过生产性服务的外包，制造企业和服务企业也可以有效地降低投资的风险，并通过和多个合作伙伴的协作，分散供应和需求波动导致的风险。

5. 技术进步的推动作用

一方面，随着以 ERP（企业资源计划）、CRM 和 SCM（供应链管理）等代表的综合管理信息系统的广泛应用，企业得以快速获取客户信息，实现全程供应链管理，推动协同设计和制造的产生。另一方面，信息技术与制造技术的融合推进了生产装备的智能化，加之以 CAD（计算机辅助设计）、CAPP（计算机辅助工艺过程设计）、CAM（计算机辅助制造）、CAE（计算机辅助工程）、PLM、PDM（产品数据管理）和 MES（制造执行系统）等为代表的设计制造信息系统的应用，制造企业能够更好地应用柔性制造、精益生产、敏捷制造、虚拟制造、网络化制造等新的生产方式，来应对市场对多品种、小批量的个性化需求。

当前制造系统是以大规模制造为核心，大规模制造财富的创造建立在经济活动中的资源和产品流基础上，与产品的回收、维修与再制造无关。而服务型制造与大规模制造不同，服务型制造提供的产品，是产品和服务的组合，强调的是产品的效用价值，企业在为顾客提供全生命周期产品和服务的过程中获取利润，具有长生命周期的特征。产品和服务的融合更多考虑顾客的认知和行为。顾客主动参与和体验产品的设计、生产和传递过程，有利于企业直接获取顾客的潜在需求信息，这些信息的获取对于企业进行主动创新尤为必要，可以让其在市场竞争中获得主动优势。

产品与服务相结合可带来诸多好处。对制造商而言，服务的融入可以进一步满足客户的个性化需求，提高产品的差异性和竞争力，带来更大的利润和市场份额。对客户而言，通过服务可以使其多样和快速变化的需求得到满足。此外，通过购买诸如操作培训、运行监测与主动性维护维修等服务，还可以帮助客户提高产品的使用效率与工作可靠性，从而最大限度地发挥产品效能，为客户获得更多效益。对环境而言，服务的融合可使制造商更加关注产品的使用和回收等生命周期的后期阶段，关注产品使用对环境的影响，考虑产品的回收问题，从而最大限度地降低产品对环境的影响，促进生产、消费的可持续性。

随着社会物质和财富逐渐丰富、产品差异化不断下降、同质化逐步提高，广大客户的消费观念已从"物美价廉和经久耐用"为代表的理性消费时代过渡到了以"追求在购买与消费过程中的满足感"为代表的感性消费时代，其购买动机和价值取向更加趋向于他们的满意程度。为此，企业开始转向了争取客户，进入了以客户为中心的管理，顾客的满意就是企业效益的源泉。而是否拥有客户取决于企业与顾客的关系状况，它决定着顾客对企业的信任程度，而顾客对企业的信任程度则由他们在消费由企业所提供的产品和服务过程中所体验到的满意程度来决定，客户满意程度越高，企业竞争力越强，市场占有率就越大，企业盈利自然就越丰厚。

2.1.2 全生命周期服务化的特点

企业的生产方式开始发生了变化，将战略方向从重视生产有形产品向提供良好的无形服务转移。同时，顾客的消费方式发生了变化。消费者从单纯购买产品或服务转变为服务和产品一体化需求，由单一性转变为个性化、时尚化、便捷化。最后，交易方式发生了变化，原来的一次交易转变为消费者提供便利的长期服务行为。

服务型制造作为适应市场需求的一种新的先进制造模式出现，通过顾客全程参与，企业间相互提供生产性服务和服务性生产，为最终客户提供符合其个性化需要的产品与服务。

相对于传统的制造模式，服务型制造具有如下特征：

1. 企业与客户的互动

通过企业与客户间的互动，从根本上解决企业了解、适应和引导客户需求的问题，解决能够向什么样的客户提供什么样的产品与服务的问题。制造企业需要从"以生产产品为中心"向"以提供服务为中心"的方向转变，需要有效地管理客户期望，满足客户的个性化需求。企业需要将客户引入到产品和服务生产的全过程中。客户不能只是产品与服务的被动接受者，而是要参与到企业的设计、制造和销售过程中，实现企业与客户在感知和知识上的融合。通过客户的主动参与，还有利于企业在产品与服务上增加针对某类客户的特质性，从而增强企业的核心竞争力。

2. 产品与服务的融合

服务型制造由仅仅提供"产品"向提供"产品+服务"的"整体解决方案"转变，体现出产品与服务的融合，这种融合贯穿于整个产品制造和服务交付的过程之中。这种转变和融合导致了价值链的重构，使服务在价值链中占主导地位，是利润的主要来源。"产品+服务"的整体解决方案一般包括从规划、设计、咨询、安装、维修到培训等一整套服务。

3. 全程化的客户服务

在制造服务化模式下，企业以客户为中心，从设计开始，为客户提供贯穿产品全生命周期的综合服务，包括售前、售中和售后服务。在销售前，企业与客户密切沟通与联系，准确把握客户需求，以保证整体解决方案的顺利实施；在销售中，通过设计、生产、采购和技术支持等部门的协同工作，向客户提供各项服务；在销售后，继续跟踪产品的使用状况，提供产品性能和状况检测及维修保养服务，倾听来自客户对整个服务过程的评价，检验服务承诺与实际服务之间的差距，并做出相应修正。

在市场向客户化、个性化为中心转移的时候，服务也逐渐成为各个企业争夺客户的重要手段。客户注重产品的"总体拥有成本"，它包含产品的购买价格及产品的服务。未来的服务不再只是产品销售以后的事情，还包括针对整个产品的生命周期为客户提供全方位的服务。原来被动的、单一的服务模式必须被主动的、全方位的服务系统所替代。

2.2 产品全生命周期服务的设计

随着经济和社会技术的进步，服务业的迅速发展使得服务业和制造业的边界逐渐模糊，产品与服务、制造业与服务业等呈现不断融合的趋势：原来附属于制造业的很多服务活动，现在已经成为独立于制造业的技术创新活动，同时服务业本身融入了更多制造业的要素；制造业也逐渐增加服务的成分并在许多方面开始模仿服务部门；服务创新系统与制造业创新系统虽然不同，但两者在未来可能会融合——制造企业开始突破制造业的界限，向服务业延伸。因此，服务行业的创新变得越来越重要。与此同时，新服务开发也成了服务创新领域一个重要的分支。然而，在很长时间里，学者们对服务业创新的研究并不重视，认为创新只限于制造业，把服务业创新看作是简单的技术，尤其是信息技术在服务业中的应用，因此更无从谈起对新服务开发的重视。

目前，国内外学者对新服务开发还没有统一的定义。国外学者 Johne 和 Storey 定义了新服务开发的含义，认为新服务开发对于服务提供者来说，是一种新的服务产品。而 Menor 等人提出，新服务开发不只是一个传统意义上的过程开发，而是"新服务的产生"，同时指出新服务开发概念的定义是新服务开发获得成功的基础。新服务开发并不是单纯的服务产品开发，而是一种服务提供的开发。因此，在金融服务领域，人们更喜欢说新服务开发是"服务提供"，而不说开发"服务产品"。另外，国内学者蔺雷和吴贵生在综合各种论述的基础上，将新服务开发定义为：服务企业在整体战略和创新战略的指引或影响下，根据顾客和市场需求，或在其他环境要素的推动下，通过可行的开发阶段和过程向企业现有顾客或新顾客提供包含从风格变化到全新服务产品等各种正式或非正式的服务开发活动，它是实现现有服务或新服务价值增值的重要途径。

2.2.1　面向产品生命周期的服务设计流程

服务设计主要研究将设计学的理论和方法系统性地运用到服务的创造、定义和规划中。从20世纪90年代以来才逐渐的兴起，而且最初是跟工业设计有着密切的关系。

结合服务设计流程和产品的生命周期理论，本文提出了面向产品生命周期的服务设计流程，具体如图2-1所示。该流程有6个步骤，分别是：

1）通过顾客的全面参与，对顾客需求进行识别，尤其是对隐性需求进行识别，从而确定企业的战略定位，对设计出面向服务型制造的产品全生命周期的服务进行需求分析。

2）在对顾客需求进行分析和确定的基础上，设计面向产品全生命周期的服务产品。这部分主要包括产品显性因素的设计、隐性服务因素的设计、产品服务知识支持系统的设计和辅助要素的设计，是服务设计流程中重要的一步。该阶段针对产品生命周期的各个环节，结合客户需求添加服务要素和服务业务，从而形成服务业务。

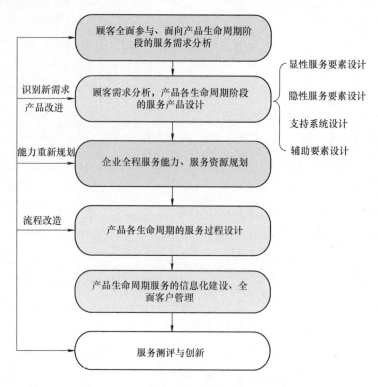

图 2-1　面向产品生命周期的服务设计流程

3）通过对企业全程服务资源和服务能力的规划，满足服务产品的辅助要素的设计和支持系统的设计。

4）服务流程设计。这一步对面向产品生命周期的服务设计来说非常重要。根据产品生命周期的流程，对服务的流程进行设计。在产品生命周期的各个环节对顾客需要进行甄别和细化，从而得到细化的服务传递流程。主要是根据 2）所设计出的服务业务进行细化，从而形成有效的产品服务。

5）建设基于产品全生命周期的服务信息系统和客户管理系统，为产品全生命周期的服务提供支持系统，进一步获取客户信息，完善服务产品，提高客户满意度。

6）不断评价服务产品，获得优化服务的依据，保持主动变革服务，完善服务，维持企业竞争力。

根据本节所提出的服务设计流程，下面就对产品生命周期中的服务进行设计，达到真正的服务增强目的。

2.2.2 产品全生命周期的制造业服务模型

制造企业在开发、生产、销售、售后服务及回收处置等过程中存在多种服务需求，为了满足这些服务需求，制造企业需要提供专业的服务支持。针对制造企业的各个活动中所需的主要服务，张旭梅等将这些服务分为技术服务、信息服务、物流服务、管理咨询与商务服务、金融保险服务、人力资源与人才培训服务等 6 种基本类型。

根据产品的生命周期理论，将产品分为市场调研、设计、制造、装配、销售、使用、维护和回收等阶段。在各个阶段将服务流程细化，从而设计出基于产品生命周期的制造业服务业务，如图 2-2 所示。

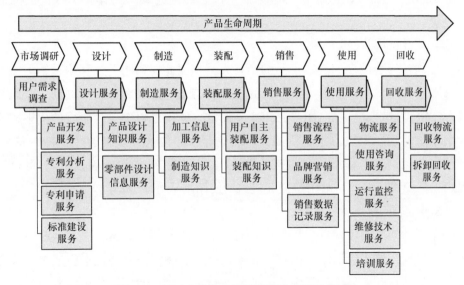

图 2-2 基于产品生命周期的制造业服务模型

1. 市场分析和决策阶段

企业通过建立自己的网站将自己同网络大世界连在一起，可以通过网页将产品介绍给世界，并可以通过浏览器和电子邮件系统将用户意见和需求收集起来。企业分散在各地的销售和服务公司也承担收集客户信息、将信息汇总到企业的任务。企业的决策分析系统能及时将分析结果反馈给企业领导，协助领导做出及时、正确的决策。

2. 产品设计阶段

用户可直接向制造商提出对产品型号和风格的具体需求。制造商可根据不同用户的需求进行有针对性的设计,将设计通过多媒体手段,以可视化的仿真结果反馈给用户,使用户在最终产品制造出来前即可感受到产品在外观、结构和使用方面的问题,企业及时进行修改,从而达到最大的客户满意程度。客户不再远离设计,而是成为企业的设计和评判师,直接参加产品的设计。另外产品的不同部件往往由企业内部不同的工作组或不同的虚拟企业进行设计,协同设计环境使处于不同地点的设计者为同一设计活动共同工作,适应产品生产过程中不断变化的需求。

3. 产品制造阶段

这一阶段用户已将自己的信息反馈给制造厂商,制造厂商只需根据用户的要求来精益生产,这样就可避免生产出来的产品无人问津,造成产品的制造浪费。

4. 产品销售阶段

与顾客接触最多的就数产品的销售人员,因此在销售的过程中,销售人员要有服务导向意识,充分了解产品的性能及特点,为顾客提供更周到、全面的服务。销售过程中可以向用户介绍产品的整个使用过程中各个阶段的成本,并给出系统的问题解决方案。例如,产品成套服务包括:系统设计、产品提供、系统安装调试和工程承包(包括基础设施、厂房和外围设施建设),还可以对用户进行操作培训,协助用户提高机器的使用水平等服务活动。

5. 产品使用阶段

在产品使用阶段向用户提供完整有效的解决问题的方案,最大限度地适应客户的需求,具体包括以下内容:预防性技术支援服务、降低运行成本、最有效专业信息服务,品质保证服务和产品质量推荐。在使用过程中定期与用户开展技术交流,讨论产品的使用情况,以及使用过程中出现的问题,通过与用户的沟通可以有效地了解产品有待完善的地方及客户的最新需求以便开发出满足用户需求的产品。企业通过远程服务监测机器的健康状况,对零部件的更新和升级提供建议,并定期进行现场产品的改进活动。专家和工程师需要定期进行现场专业指导,对机器的维修、零部件更换和保养等进行现场示范,为用户能够更加有效地使用产品而提供参考。

在产品出现故障时,技术人员需要尽快提出解决方案,进行故障修复,并保证零部件的快速供应,从而使顾客的停工停产损失降低至最低水平。在产品的使用寿命到期时,提供回收服务,并对该产品的品质开展研讨会,由操作人员将该机器在寿命期内出现的故障反馈给专家，由专家对机器的更新改造方案提出建议。

根据服务型制造企业的特点，企业需要对产品生命周期的各个阶段增强服务，将服务产品化，针对特定的用户制定出个性化的服务产品，以实现个性化的服务，满足不同用户的需求。

2.3 面向产品全生命周期的服务知识支持模型

长期以来，我国对制造业的知识管理和研究集中在设计和制造环节，产品服务和维护阶段的知识并未得到重视。随着制造业的服务增强，制造服务业的经营模式要求从产品全生命周期的角度考虑产品的维修服务过程。在这两个阶段，产品信息在表现和存储上都存在差异。在信息的表现上，设计制造阶段按类型批次管理产品信息，而维护维修阶段则是按产品个体管理信息。在存储上，设计制造阶段以借用件为主，尽可能地复用部件信息，减少设计成本，精简存储信息；维护维修阶段以实际的部件为主，需要尽可能记录该部件的实际变化，对每个部件都要有相应的记录，存储信息复杂。

2.3.1 产品全生命周期的知识支持工作模型

在日益激烈的市场竞争条件下，制造企业面临着新的机遇与挑战。为保证对产品全生命周期的业务数据进行有效管理，企业通过采用产品生命周期管理系统（product lifecycle management，PLM）以提高企业核心竞争力。PLM是以产品为核心，综合产品生命周期不同阶段的各种信息，实现无缝的、实时的信息协同管理。PLM是在产品从概念设计到销售维护整个生命周期中涉及的人员、过程和信息的集成[48]。

企业要在激烈的市场竞争中保持产品的核心竞争力，需要在产品的整个生命周期内有效管理产品信息，并能捕捉和使用产品的知识资产，同时还能使每个相关人员在产品的全生命周期内互相协同地开发、制造、销售和管理产品，这就需要企业建立基于知识工程的产品生命周期管理系统[49]。王建民等认为，PLM是企业知识资产管理的最佳系统[50]。因此，研究在PLM背景下客户关系管理系统中知识的发现、编码、集成和使用对实现企业知识资产管理具有重要意义。

从对 PLM 的定义中我们可以看到，服务阶段是 PLM 中的重要一环。而服务阶段又是产品生命周期中时间最长，与产品所有者、生产厂家和第三方维修公司等关系最为密切的一个阶段。通过对机械产品尤其是使用寿命长和复杂度高的产品进行持续的维护、维修和大修，对产品高效持续安全运行具有十分重要的意义。

制造服务业经营模式要求从产品全生命周期的角度考虑产品的服务过程。随着设计制造型企业向制造服务型企业的转变，设计制造阶段与维护维修阶段紧密联系在一起，产生了新的信息管理需求。设计与制造人员要求及时获得产品维修数据的反馈，提高产品质量；维护维修人员要求获取准确的产品信息以支持维护维修活动，并促进面向维修的设计，提高设备的可维修性。在这两个阶段，产品信息在表现和存储上都存在差异。在信息的表现上，设计制造阶段按类型批次管理产品信息，而维护维修阶段则是按设备个体管理信息；在存储上，设计制造阶段以借用件为主，尽可能地复用部件信息，减少设计成本，精简存储信息。维护维修阶段以实际的部件为主，需要尽可能记录该部件的实际变化，对每个部件都要有相应的记录，存储信息复杂。不同阶段产品信息管理的差异是实现产品全生命周期管理必须解决的问题。

系统集成的最初目的是实现数据共享，数据是原始的数字和事实，知识是数据经过加工处理后得到的有用的信息，可见知识共享与数据共享相比，对企业来说其价值更大，而知识共享的基础是知识集成。在客户关系管理系统运行数据中存在两类知识：客户知识和产品知识。这些知识的表示方式也有所不同。目前，人们的研究侧重于挖掘其中的客户知识，并将其用于决策分析。对于产品知识在产品的设计和制造阶段有较多的研究，然而对于服务过程中的服务知识却没有进行研究。

当前，围绕着产品生命周期的各个阶段，形成了相对应的管理模块和信息系统，针对产品的各周期存在设计部门、制造部门、质量部门、销售部门和服务部门，这些部门的业务工作都有相对应的知识进行支持。一般情况下，设计部门需要的是设计知识，设计知识可以支持设计部门的工作，制造知识存在于制造部门，销售知识存在于销售部门。目前有研究认为质量知识存在于产品的设计和制造过程，也来自于产品的设计和制造环节。因此，形成了如图 2-3 所示的知识支持工作模型。

第 2 章 面向全生命周期的服务知识支持框架

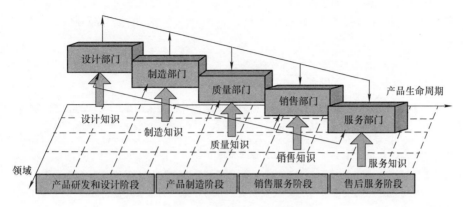

图 2-3 知识支持工作模型

目前，对于设计过程的支持工作，设计知识的表示、集成和管理是研究的热点，对于制造过程知识和工艺知识也有研究，对于质量知识和销售知识的研究也比较普遍，但是对于服务部门的服务过程进行支持的产品服务知识的研究却不多见，基于此本文将重点分析产品服务知识的获取、表示和重用等问题，以实现对产品全生命周期服务过程的支持。

服务知识来源于产品生命周期的各个阶段，也应用于产品的设计、制造、销售和服务阶段。其中，从设计部门和制造部门的支持知识中获取相关知识以支持产品质量控制、销售和服务业务。各部门之间的知识只有经过集成，才能真正实现面向产品生命周期的知识管理，才能实现产品的全生命周期管理。因此，本文建立了如图 2-4 所示的面向产品全生命周期的服务知识支持工作模型。通过将产品各生命阶段的知识进行提取，得到产品服务知识，从而支持前文所设计的产品全生命周期服务业务。

2.3.2 产品全生命周期的服务知识集成框架

全球制造业逐步由以制造为中心转向以服务为中心，制造业价值链正在向下游转移，制造服务已经成为制造企业新的经济增长点，这些对服务支持技术的发展提出了更高的要求。对非消耗性产品的全生命周期，特别是复杂产品全生命周期而言，中期阶段的时间跨度要远大于初期和末期。产品中期阶段的各种运行和维修服务数据不但能为初期阶段的产品改进和创新提供反馈信息，而且能为末期阶段的产品拆解回收等提供数据支持。只有把产品生命中期阶段使用和服务的信息化做好，才能真正做到有效的产品全生命周期管理。

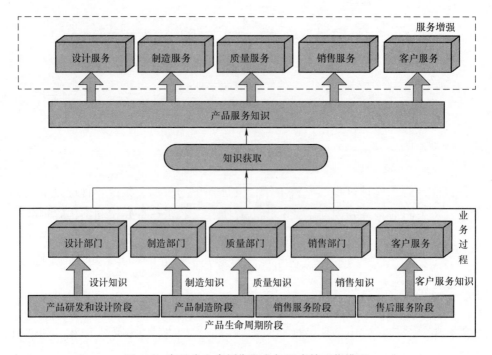

图 2-4　产品全生命周期服务知识支持工作模型

目前复杂产品维修服务理念已经从单纯的面向产品使用，逐步转变为面向全生命周期的综合服务，产品维修服务的发展也必须面向产品全生命周期。因此，服务支持技术的发展也需要面向产品全生命周期，支持现代服务业务高效运行和产品制造商从生产型制造向服务型制造转变。

面向产品全生命周期的服务知识支持系统从产品的生命周期的各个阶段获取有关服务的信息和知识，与产品结构、生产管理、库存管理、采购管理、客户知识管理和财务管理等功能模块相集成，同时又对产品生命周期的其他环节提供相关的服务知识支持。只有实现了服务知识支持系统与其他信息系统的有效集成，才能实现面向产品全生命周期的服务支持和服务增值。基于产品全生命周期的服务知识支持集成框架如图 2-5 所示。

第 2 章　面向全生命周期的服务知识支持框架

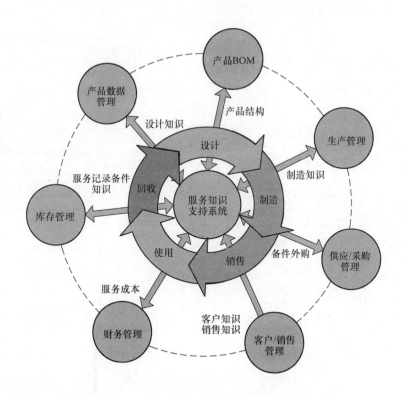

图 2-5　基于产品全生命周期的服务知识支持集成框架

2.3.3　产品全生命周期的服务知识闭环模型

随着设计制造型企业向制造服务型企业的转变，设计制造阶段与维护维修阶段紧密联系在一起，产生了新的信息化管理需求。设计与制造人员要求及时获得产品维修数据的反馈，提高产品质量；维护维修人员要求获取准确的产品信息以支持维护维修活动，并促进面向维修的设计，提高产品的可维修性。因此，要求在产品的全生命周期内对服务的知识进行集成和管理，实现全生命周期的服务和服务知识的闭环反馈系统。

本文提出了基于产品全生命周期的服务知识闭环模型如图 2-6 所示。

服务只是从产品的各生命阶段获得，通过对产品设计阶段、制造阶段和使用维护阶段的数据、信息和知识进行提取和集成，形成了服务知识；反过来，产品的各个阶段又有各种服务需求，为了满足各种服务需求，需要应用服务知识对其进行技术支持，这样就形成了服务知识的闭环反馈系统。

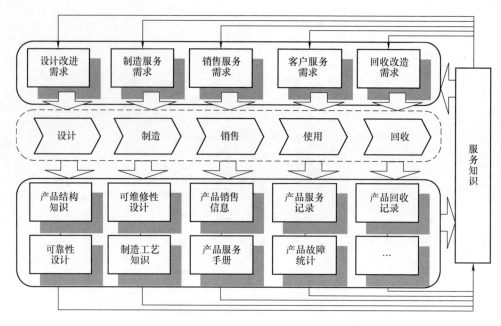

图 2-6 基于产品全生命周期的服务知识闭环模型

从图 2-6 可以看出，面向全生命周期的服务知识综合利用主要体现在以下两个方面：

1. 产品上下游的知识共享

产品在维护维修等服务阶段需要用到产品的结构信息和维修资料，它们来自生命周期上游，例如产品的设计和制造阶段，而设计制造阶段需要获取维护维修阶段的信息反馈来改进产品，促进升级，这对制造维修一体化的企业尤为重要。当产品进入生命周期下游，如回收再利用阶段后，维护维修记录可辅助辨别可修复的产品，发挥产品最大的价值。如果脱离生命周期上下游的信息进行产品的维修服务管理，将造成维修信息的缺失和浪费，不利于全面优化产品的配置。

2. 产品在使用和服务阶段中的知识综合利用

对产品的当前信息，例如产品状态和运行参数、历史维护服务记录和同类产品的服务信息等知识进行管理，使产品状态、结构和服务历史具备可查询性和可追溯性，为制定产品的服务预测和服务策略提供信息支持。

2.3.4 服务知识的闭环反馈作用

根据上文的模型分析可以看出,服务知识在产品全生命周期的综合利用可以有效促进维修服务隐性知识的积累,从而促进知识的转化;服务知识的累计和扩充能够促进服务策略的合理化制定,使服务过程规范化,而且通过服务知识的闭环反馈系统能够有效积累关于服务的反馈意见和建议,对服务的提升有重要的意义和作用。

1. 服务知识的积累

从微观层面来说,产品基础信息管理和维修知识管理是实现精益 MRO(维护、维修、运行)的基础。对于大型产品而言,由于其结构复杂,相关的维修知识也会非常复杂。在投入使用之前,需要建立产品台账、导入产品本身的物料清单信息,关联生命特征参数,在产品使用中记录产品的履历和运行监控信息,在维修决策和执行时提供维修基准信息支持。这些知识是在产品的使用过程中逐步积累的,是产品的基础信息。从宏观层面来说,在服务的过程中对知识的不断记录和更新,对未来服务过程能够起到指导作用。

2. 服务策略的合理化

服务策略的合理化体现在策略选择和策略调整两方面。大型装备的维修服务策略具有多样性,包含不同程度(大修、中修和小修)、不同目标(可靠性为中心、生产保障优先和用户需求优先)和不同阶段(定期、事前和事后)的维修策略。这种多样性使维修策略的选择变得重要而困难,如不合理地定期维修会造成不必要的维修浪费,影响精益维修的目标。因此,需要以产品基础信息、运行信息、维修历史和维修知识为基础,合理地选择维修策略和模式,产生维修计划,输出维修工作单。大型产品的维修策略需要随着使用情况和实际使用需求调整,逐步趋于合理。维修策略管理接收维修反馈,处理检查结果,对成功的经验加以肯定并适当推广,使其标准化,对失败的教训进行总结,以免重现。如此不断改进和调整维修策略,优化下一个服务业务循环,达到策略的合理化。

3. 服务计划的优化

产品维修计划是企业维修管理的核心,它对维修计划的工作单进行合理的人员、作业时间和资源分配,并与物料库存管理相结合,调整资源配置和优化工作单。大型产品的维修消耗很多人力、资源和物料,因此维修计划的制定影响维修成本，对精益维修具有重要的意义。

4. 服务执行的规范化

维修执行是根据计划和标准执行维修活动的环节。从作业下达开始，维修活动就遵循规范流程：获取作业中指定的物料资源，基于作业中的标准工序执行维修活动，检查、确认并记录维修结果。规范化的维修执行有利于提高维修质量。

5. 服务评价反馈维修活动过后，维修人员需对维修情况进行确认和评价

在确认和评价的过程中，维修人员对维修结果进行检查，总结执行计划的结果，注重效果，找出问题。维修结果以异常报告和评价报告等形式反馈给维修策略管理环节，用以改进维修策略的配置。循环中各环节相互联系，相互依赖，形成了服务业务流。其中，维修策略、维修计划、维修执行和维修评价反馈形成持续改进的业务流程，不断优化服务业务，体现了精益维修需求；而基础信息管理和物料追踪反馈环节有助于维护全生命周期信息，形成信息反馈，满足全生命周期知识综合利用的要求。

低成本和差异化是传统制造业竞争的两大利器，然而低成本的竞争将利润空间压缩，不能满足制造企业的发展需要，产品的差异化和扩展的新的利润空间是当今传统制造业面临的新的机遇和挑战。只有拥有了强有力的服务，才能让传统制造业保持竞争力，获得更高的利润空间。通过服务设计打破以往生产实体物质产品为基础的竞争僵局，使物质产品为服务增值、组成完整的问题解决方案。只有通过服务设计扩展服务空间、增加产品附加值、增强市场竞争力。将服务的设计贯穿产品生命周期，提出了面向产品生命周期的服务设计方法，通过服务设计向制造业全生命周期提供更多包含服务的整体产品或整体解决方案。从产品的设计和制造等阶段获取与服务相关的知识，同时用服务知识支持面向产品生命周期的服务业务，因此构成了服务知识的闭环系统。并且服务知识的闭环反馈作用在提升产品设计、制造和服务质量上具有重要的意义。

第3章

服务知识的定义、获取与表示方法的选择

当前,对于制造业的产品设计和工艺制造等领域的知识表示和知识管理的研究较多,但是对于服务领域知识的研究还不多见。服务知识是指提供某类服务所连带或需要的知识,该类知识具有很高的附加值,是知识库的核心内容,是提供知识服务所需知识的主要来源。服务知识主要来源于服务工作手册、标准服务文档、服务结构及人员设置、技术经验文档,以及员工的隐性知识。作为服务知识管理的基础,服务知识的结构和分类,服务知识的表示方法是本文要解决的首要问题。为了实现服务知识共享和服务知识重用,本章通过分析服务领域知识的特征和分类,研究服务知识的来源和获取方法,对服务知识的表示方法进行比较分析,选择了本体的服务知识的表示方法,并对本体的概念和方法体系进行总结分析。

3.1 产品服务知识的结构分析

3.1.1 产品服务知识的定义

在相关文献中,关于知识存在以下几种定义:
1)知识是经过削减、塑造、解释、选择和转换的信息。
2)知识是由特定领域的事实描述、关系和过程组成的。
3)知识 = 事实 + 信念 + 启发式。

知识来源于客观世界的各种信息,但是它又区别于数据和信息。数据(数值、符号)是对观察到的事件所做的记录,是一系列关于事件的离散的客观事实。信息是通过数据之间的某种联系,揭示有意义的概念,即经过处理后具有背景和目标的数据。而知识则是通过一定信息的有效组合,用以揭示事物的规

律性。

在现实中，知识、数据和信息是非常容易被混淆的概念。这也会造成在使用中概念的混乱。大量的数据是用来描述与具体对象和状况相关的客观事实，是没有任何判断和背景内容的，数据不经过加工处理是没有多少价值的。数据经过分析处理，按照使用者的要求经过进一步的组织和融合，赋予了相关性与内容，就形成了信息，信息是经过收集、记录、处理，以可检索的形式储存的数据，信息的作用有时间和范围限制。为了使信息在较长时间内有效，必须进行一系列内部处理，综合个人经验、价值观和信念后才转化为知识。在服务领域中，最初收集到的只是原始数据，把这些数据分析处理后，使之形成有序、有意义的数据集合后就成了信息，从数据中获取的有用的信息能够告诉我们某些规律。当人们获得了信息，针对某次服务而获取的相关的信息就成了服务领域知识。数据、信息和知识的层次关系如图 3-1 所示。

在知识的定义基础上，结合 Gron-roos 对服务的定义："服务是客户问题解决方案中的一个或一系列活动"，服务领域知识可以定义为：在解决客户问题的过程中，经过对服务相关信息进行选择、转换而获得的，能够支持服务的有用的信息称为服务领域知识，由服务领域内的服务事实、服务概念和服务规则组成。

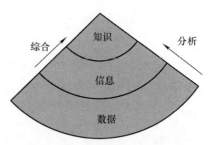

图 3-1　数据、信息和知识的层次关系

服务领域知识的表达模式为

$$K=F+C+R$$

式中　K——表示服务领域知识项（knowledge items）；

　　　F——表示事实（facts）：指对客观世界的状态、属性和特征的描述，以及对事物之间关系的描述，在服务这一特定领域中是指对服务事件本身的发生、发展和结束的演化机理与服务资源（人力、工具和物资）的时间、空间、数量和状态等实体及其关系的客观描述；

　　　C——表示概念（concepts）：指事实（术语）的含义、关系约束的语义说明等；

　　　R——表示规则（rules）：指能表达在前提与结论之间因果关系的一种形式。

从上述服务领域知识的表达模式可以看出，服务领域知识是有层次的，即：事实→概念→规则→启发式服务领域知识4个层次。

服务领域中的实事、概念和规则大部分体现在服务手册和服务案例中，是提供服务决策的重要依据。启发性知识是事实、概念和规则综合的服务领域知识。大部分的服务方案可以从事实、概念和规则等服务知识获取，而在处理某些服务事件的过程中，则要利用启发性服务领域知识来进行服务方案的决策。

服务领域知识就是在解决客户问题过程的实践中所获得的描述客观事实的主要概念。决策者个人的认识、经验和规律的综合，是服务人员在特定的环境中为实现目标而采取的有效行动的能力，是进行科学有效服务决策的基础。

3.1.2 服务知识的结构模型

分类学的创始人Carolus Linnaeus曾经说过"分类是科学研究的基础"，从认识论的角度来讲，知识是人们在改造世界的实践中所获得的认识和经验的总和，按其性质可分为4种类型：

1）事实知识（know-what），即关于事实方面的知识。

2）原理知识（know-why），即事物客观原理和规律性方面的知识。

3）技能知识（know-how），即满足人们某种需要的技艺、技巧和能力方面的知识。

4）人力知识（know-who），即哪些人掌握这些知识，也就是关于管理的知识和能力。

其中前两类知识即事实知识和原理知识是可表述出来的知识，即显性知识，而后两类知识即技能知识和人力知识则难以用文字明确表述，即隐性知识。这是当前知识管理中最权威的知识分类方法。

以制造企业产品服务为背景，同样可将上述知识进一步分为两大类别：显性知识和隐性知识。显性知识是指可编码的，以一种系统的方法表达的、正式而规范的知识，易于沟通且易被竞争对手学到，对于企业来说难以形成持续的竞争优势。它是客观的有形的知识，通常以语言和文字等结构化的形式存储，并且表现为产品外观、文件、数据库、说明书、公式和计算机程序等形式。隐性知识是指不容易表达出来的、高度个人化的、难以编码和规范化的知识，主要体现为个体所涉及的专业经历、经验、专业诀窍、价值观和信念，或者个人不愿外露或无法明示的知识，以及组织所涉及的知识积累、文化和惯例等。因此难以被别人复制或窃取，是企业形成核心竞争能力的基础和源泉。

根据此标准，服务领域中涉及的知识同样可以分为四大类，如图 3-2 所示。

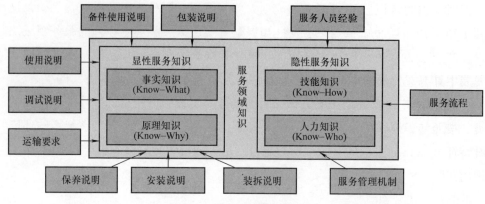

图 3-2　服务知识的结构模型

其中，前两类知识是蕴含在服务管理的客体即产品自身性质机理之中，比如产品的使用说明、保养信息、安装说明和零部件更换信息等，第 1 类是对产品本身的客观描述，包括产品的类型、属性和特征等，对应于知识分类中显性知识的事实知识（know-what），主要包括：使用说明、备件信息、包装说明、调试说明、安装说明、运输说明和装拆说明等；第 2 类是描述促使产品故障发生、发展、维修和保养的机理，对应于知识分类中显性知识的原理知识（know-why），例如产品故障规律，故障发生的原因等。后两类知识隐含在服务管理的主体即服务的提供者和服务部门的运行中，第 3 类是服务提供者所具有的隐性知识，是其个人所拥有的经验的积累和智慧等，对应于知识分类中隐性知识的技能知识（know-how）。第 4 类是服务事件发生后，由谁来做服务方案的决策？哪些部门是主要相关部门？需要哪些部门来协同？需要哪些方面的专家来参与决策？对应于知识分类中隐性知识的人力知识（know-who），主要包括服务流程的隐性知识和服务管理机制等。

3.1.3　服务领域知识的分类

分类既是科学认识和研究的起点和基础，也是知识整序的主要手段。世界上的一切事物都可以按其属性来分类。同样，知识也可以按其属性区分开来，并归入一定的类，把对知识的分类称为知识分类。

第3章 服务知识的定义、获取与表示方法的选择

由于知识具有动态性、复杂性和多样性的特点,需要从不同的角度和层次对知识进行划分和比较,总结出一些具有普遍性的规律和特点,这不仅有利于人们对知识的认识更深刻,应用更加灵活、有效,从学科发展的角度讲,也有利于知识管理科学的长远发展。关于知识的分类,研究者从不同角度和理论出发,产生了一些关于知识分类的成果。这些知识分类理论和方法在知识管理的发展中具有重要的作用。

陈洪澜将知识分类方式总结为:"按照知识的效用分类、按照研究对象分类、按照知识属性分类、按照知识形态分类、按照事物运动形式分类、按照思维特征分类、按照自然现象和社会现象分类、按照知识研究方法分类、按照知识内在联系分类、按照学科发展趋势分类"共10类。另外还有几种具有代表意义的知识分类:如波兰尼(Polanyi)将知识分为显性知识(explicit knowledge)和隐性知识(tacit knowledge)两类;按照知识载体来源的不同,知识可以分为个人知识和组织知识。美国知识管理专家艾莉(Allee)在对知识分类方法进行研究时,从知识的复杂程度出发提出了"知识原型"的概念,知识原型是数据、信息、含义、原理和智慧的联合体。她认为,知识具有"波粒二相性",即作为实体的知识和作为过程的知识。知识分类是进行知识组织的一个重要前提,不同的知识分类角度会产生不同的知识组织方法。对企业知识的研究主要集中在设计阶段的知识。对设计知识的分类有较多的研究,从不同的角度提出了不同的分类方法。从主体对知识需求的层次来划分知识,在不同的知识层次中再运用不同研究者的知识分类方法,对知识分类的认识会更好。

基于此,本文从服务领域的知识层次出发,面向维护领域的应用需求,分析出提供服务所需要的基本资源,包括人员、备件、工具、产品、信息与外部服务等。服务信息包括从设计主要阶段的策略到服务维护施工所需的详细信息,贯穿整个产品生命周期。服务过程也是根据服务实体——产品的状态,由服务主体向服务对象——客户提供的一种活动。因此,服务涉及产品、客户、服务人员服务所需要的资源,以及与服务相关的知识。

服务领域知识的庞大性和复杂性,使得用于描述服务领域知识的本体也将庞大而复杂[51]。本文借鉴制造行业本体分类的方法,从服务领域的应用需求出发,将服务分为服务实体知识、服务对象知识、服务资源知识和服务过程知识4个类型,其中服务过程知识包含了各类技能知识和业务过程相关知识,可以分为隐性知识和显性知识两类。服务领域知识的分类如图3-3所示。

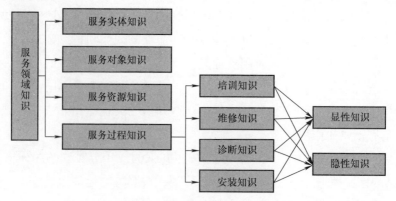

图 3-3　服务领域知识的分类

服务实体知识是指产品知识，包括产品信息的总体描述，产品型号规格和产品结构等信息。

服务对象知识是指与产品有关的客户基本信息和客户知识。

服务资源知识是指提供服务涉及的部门、服务人员、服务工具和服务所需资源等方面的知识。

服务过程知识是指在产品服务过程中所需要的技术知识和服务标准，例如服务标准、维修知识、培训知识、诊断知识和安装知识等。这些知识是服务领域比较重要的知识，这些技术知识中有一些属于显性知识，可以用文本或者规则、方法等表达出，而还有很多以隐性知识的形式存在。

3.1.4　服务领域显性知识与隐性知识的转化

20世纪90年代野中郁次郎（Nonaka）和竹内光隆（Tadeuchi）提出了"知识转化"理论，即隐性知识与显性知识相互转化的理论，认为知识转化过程有4种转化模式，包括：综合化（combination）、内部化（internalization）、社会化（socialization）和外化（externalization）。一般来讲，隐性知识比显性知识更完善、更能创造价值，隐性知识的挖掘和利用能力，将成为个人和组织成功的关键。在服务领域中，显性知识是指企业的服务流程说明、服务技术手册、服务指南、服务规章制度及客户信息等；隐性知识是指企业的文化、企业的形象、员工的服务技巧、服务技能、服务经验，以及同客户的个人关系等。比如，企业的某个维修人员在长期的工作中积累了处理某种故障的能力，这就是企业的隐性知识。分散状态下的隐性知识主要埋藏于个人、技术专家或管理者的头脑中,对其的发掘和应用是关键和难点所在。在此基础上本文提出如下产品服务领域内显性、隐性知识的转化模型,如图3-4所示,其中I代表个人(individual),G代表组织(organization)。

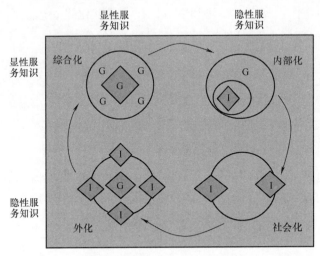

图3-4 服务知识的转化模型

综合化(combination):从显性产品服务知识转化为更为复杂或更为系统化的显性产品服务知识的过程,也就是服务知识能够被分享传播的组织规模的扩大过程。这是一个建立可重复利用的服务领域知识体系的过程,强调服务信息的采集、组织、管理、分析和传播。融合过程既可能发生在个体成员内部,也可能发生在服务部门中。组织中的融合,具有将个体专有服务领域知识向集体通用服务领域知识转化的功能,以便于通过企业内部网络与产品服务知识库,将企业内的产品服务知识共享。

内部化(internalization):从显性产品服务知识到隐性产品服务知识。显性产品服务知识经过不断实践与灵活运用,被服务人员或服务部门消化、吸收,从而内化到服务人员的服务过程中,融入组织成员的理念中。例如,在客户服务中应用普遍的呼叫中心,其很大程度上促进了企业知识的内部化:客户服务人员根据客户描述的问题在客户知识库中进行查询,这本身对客服人员来说就是一个知识积累应用的过程。当出现无法解答的问题时,可以将电话接到高级客服人员并进行解答,并将给出的答案在下一次查询中作为新的案例出现在备选答案中,知识的积累和传递就这样在企业内部完成了。因此,内部化是显性产品服务知识在服务过程中具体化进而转化为服务人员的隐性产品服务知识的过程，服务知识内化的过程也就是服务人员服务、维修能力提高的过程。

社会化（socialization）：从隐性产品服务知识到隐性产品服务知识的转化，是新产生的隐性服务知识在个人之间通过经验的共享和传递，服务成员之间通过员工之间的合作、观察、模仿和学习，在潜移默化之间达成了产品服务知识的共享，这是一种个体隐性知识到个体隐性知识的传递。

外化（externalization）：从隐性产品服务知识到显性产品服务知识的转化。是隐性产品服务知识的明晰化过程，并进而形成显性产品服务知识在群体中进行分享传播。将服务部门内部的经验、直觉和技巧等转化为语言可以描述和表达的内容，从而使隐性知识显性化，在服务成员内部传递和交流，提高服务人员的素质。这对产品服务知识的创造至关重要。

服务知识就是经过这样的几个过程的不断螺旋循环，在产品服务知识的质与量获得提升的过程中，服务人员个体和服务组织群体的智慧得到提升，服务能力和效率不断地提高。

3.2 面向产品生命周期的服务知识获取

3.2.1 服务知识的信息源

在客户服务的全过程中，蕴含着大量服务信息，每一次服务过程都可以获得大量的服务信息。这些信息以不同的描述形式零散地存储于不同的数据库中或服务者的头脑中，并且会在未来的服务过程中发挥重要的作用。知识来源于对信息的处理，可以获取服务知识的信息源可以归纳为以下几个方面：

1. 产品 BOM

物料清单（bill of materia，BOM）是产品结构的信息载体，是记录与产品结构相关的文件，用来描述产品的物料构成及这些物料之间的联系。物料清单实际上是将产品结构以一种特殊的方式存放在计算机中，故 BOM 又称产品结构表或产品结构树，在产品生命周期的不同阶段有不同的 BOM。物料清单在基于 PLM 框架的协同制造系统中不仅起着联系设计分系统和工艺设计分系统的作用，而且起着联系工艺设计分系统和经营管理分系统的重要作用[52]。

设计 BOM（EBOM）反映了产品的设计结构，制造 BOM（MBOM）反映的是产品的制造装配顺序，而服务 BOM（SBOM）不仅要反映产品的装配顺序，还要包含安装要求、安装说明、调试说明、使用说明、运行状态信息、故障诊断、维护信息和备件信息等。这些信息是以各种电子文档、图档（二维和三维）及多媒体文件形式附着在 SBOM 上来体现的。因此，SBOM 是服务知识的重要来源，其中蕴含大量的显性知识。

2. 产品设计、制造阶段的技术文件

在产品设计、制造阶段会产生产品技术资料，包括产品的构成、功能、使用方法、保养方法和注意事项等，这些信息都是服务知识获取的信息源。服务知识为产品的安装、运输、使用、维护和维修提供必要的指导和说明。比如为了延长产品的使用寿命，企业必须为用户提供备件或者替换件。然而企业并不是为产品的每一个零部件都提供备件，必须从产品的结构、功能、零部件重要性、价值、可更换性和装拆工艺等方面进行综合考虑。又比如产品的故障诊断信息必须考虑产品设计时零件的材料、具体结构、受力情况、加工工艺、与其他零部件的连接情况，以及使用环境等才能给出，有的产品甚至还必须做大量的试验才能给出。再比如安装文档的形成必须参考产品的装配工艺，考虑现场施工条件等。因此，服务知识是在产品设计、制造的基础上产生，只有参考设计、制造和工艺的相关知识才能得到正确的产品服务信息和知识。

3. 产品服务记录

产品服务阶段涉及众多业务，这必然会产生相应的数据。每一次的产品服务过程都蕴含大量的服务信息和知识，服务过程的记录可以产生很多的有用信息。首先，在产品的维修维护中会产生诸如维护计划、维修维护记录、产品故障记录和备件使用情况等。其次，产品所有者在使用产品的过程中就产品的使用情况甚至对产品的抱怨都会反馈给生产厂家，这也是服务阶段维护客户关系所产生的重要数据之一。如上这些数据都产生于服务支持阶段，其支撑着产品在该阶段中各种业务的正常处理。产品在服务支持阶段主要产生的数据包括服务记录、备件信息、故障信息、服务计划、服务协议和顾客反馈等信息。而其中产生的零部件故障统计、故障解决方案和顾客反馈信息等对设计、制造和服务环节的改进具有非常重要的意义，是企业难以获取和表达的隐性知识的重要来源。这一环节蕴含着大量的隐性知识，因此，对服务案例的记录和案例知识的表示是本文研究的重点。

4. 产品试验和试运行记录

主要是指产品的仿真试验、物理试验及运行状态监测的记录结果，包括产品结构、特性、状态及周围环境等方面变化情况的数据等。通过采集与分析这些数据可有助于更加深刻地认识产品的故障规律、维修规律和零部件性能等，为产品的服务提供有效的信息和指导。这也是服务知识获取的重要来源。

3.2.2 服务知识的获取步骤

知识获取（knowledge acquisition, KA）就是从大量的、不完全的、有噪声的、模糊的、随机的原始数据中，提取隐含在其中的、人们事先不知道的、但又是潜在的、可用于问题求解的各种信息和知识，并将其转换成计算机上执行代码的过程。简单地说，是指从现有的经验、事实和规则等信息之中总结和抽取知识，并转换成某种形式来表示。

知识获取的一般步骤如图 3-5 所示，主要包括问题识别、知识的概念化与形式化、知识获取的实现和调试等阶段。

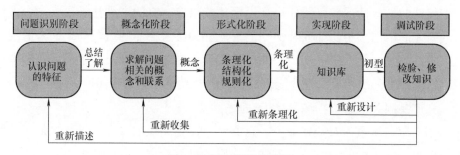

图 3-5　知识获取的步骤

1）问题识别阶段：要识别产品服务的特征，为了向客户提供服务包括问题的确定、目标的确定、问题的划分和问题之间的关系等。此阶段要求领域专家与知识工程师一起交换意见，以便进行知识库的开发工作。

2）概念化阶段：总结和了解与服务相关的所有概念和联系。此阶段的工作主要是把上一阶段确定的对象、概念、术语及其关系加以明确化。包括问题的定义、规范性描述及术语的确定等。与服务相关的概念包括产品本身，以及服务对象——客户。对于制造企业来说，由于有了产品，才向客户提供针对该产品某一状态的某种服务，服务是为了使产品在状态之间变化。产品和服务是企业与客户之间的桥梁，例如为了向客户提供一次产品使用技能培训服务，企业需要的知识包括安装性技术及一定的使用和维修技术，这些技术对于企业来说都是服务知识的范畴，因此要对其进行下一步的形式化阶段。

3）形式化阶段：把概念化阶段所获得的概念及概念之间的联系进行整理，进行条理化、结构化，总结和归纳为规则，则可以作为知识进行存储。主要任务在于把上述概念抽取出的知识进行适当的组织，形成合适的结构和规则。

4）实现阶段：将结构化、规则化的知识有序地按照某种表示方法进行组织，用计算机语言以知识库的形式存储。

5）调试阶段：测评阶段中采用测试手段来评价原型系统及实现系统时所使用的表示形式，选择一些具体实例输入专家系统，检验推理的准确性，进一步发现知识库和控制结构的问题，一旦发现问题或错误就进行必要的修改和完善，然后再进行下一轮测试，如此循环往复，直到达到满意的结果为止。

3.2.3 面向产品生命周期的服务知识获取

在服务过程中，产品的故障诊断是对服务知识要求最高的服务事件。复杂产品的故障诊断一直是令人困扰的问题，目前的研究大多局限于产品使用阶段产品状态的检测、故障诊断知识的获取与应用，缺乏对产品全生命周期，尤其是设计阶段、制造阶段相关知识的利用，这造成产品在使用早期的维护中，由于其诊断知识相当匮乏，实际的故障诊断效果难以令人满意。事实上，在产品设计阶段，诸如基础性设计、可靠性设计和可维修性设计等，会产生大量的可用于诊断维护的知识信息，这些知识具备较高的完备性，却难以在现有的诊断维护系统中得到充分利用。在产品的制造阶段同样也会产生与产品服务相关的知识，但是并没有被很好地利用，因此本文提出了面向产品生命周期的服务知识获取方法。

目前的研究工作大多仅限于产品使用阶段故障机理分析和诊断知识的获取与应用，缺乏对产品全生命周期，尤其是设计阶段相关知识的利用，使得实际系统和产品的故障诊断效果难以令人满意[53]。实际上，一个产品在其生命周期的设计、制造、销售、使用与维护等若干阶段都能为故障诊断提供大量有益的信息，尤其在设计和日常维护阶段。设计阶段对产品的结构、功能和性能等做了规划和实现，维护阶段则生成了大量的诊断维护样本。例如，在复杂产品系统的研制过程中，故障消除设计（failure-free design）是一个重要的方面。每一种产品在开发完成后，都会产生大量的故障诊断与维护报告，这些报告与技术文档都有助于故障的诊断和维护。

面向产品生命周期的服务知识获取方法就是从产品的设计、制造、销售、使用和回收等阶段，将与产品服务有关的数据和信息利用知识获取方法，获得服务知识。针对设计和制造阶段的结构化知识，可以将这些显性知识进行整理、归纳重组成为服务所需的信息和知识；对于销售、使用和回收等阶段所包含的大量服务和维修记录，则只能通过数据挖掘的方法对其进行归纳和提取，获得有效的服务知识，具体如图3-6所示。

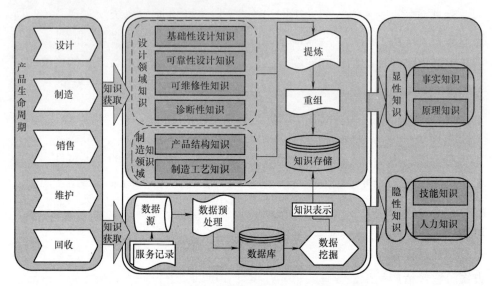

图3-6 面向产品生命周期的服务知识获取模型

在产品的设计阶段，产生了基础性设计知识、可靠性设计知识、可维修性知识和可诊断性知识，对这些知识加以提炼和重组，以获得产品维护服务阶段所使用的产品服务知识，包括产品使用说明、产品诊断知识和维修知识等。

在产品的工艺和制造阶段，产品结构BOM会随之确定，与之相关的有配件信息、零部件信息和装配信息，产品的工艺知识也包括包装信息、装拆说明和运输说明等信息，从这些信息中可以提取出产品相关的服务知识，例如安装服务知识、运输服务知识和装配服务知识等。

在产品的使用和维护阶段，服务人员利用已经获得的显性服务知识和自己所具有的隐性知识为客户提供服务。每一次提供服务时产品的状态与产品的型号、使用时间、所处环境有很大关系，具有唯一性，因此为它提供的服务也具有不可复制性。要把每一次服务都记录下来，形成服务记录。服务记录中对产品的信息、客户的信息、故障的现象、故障原因、服务方案和客户反馈等信息做详细记录。通过对服务记录的数据挖掘会发现产品故障的规律，以及服务方案与产品状态、故障现象、故障原因之间的规律。对这种规律归纳总结，就可以形成隐性服务知识。这也是服务知识中非常重要的一类知识。

3.2.4　产品 BOM 向服务 BOM 的转化模型

产品通常由多个部件和零件组成，部件又包含多个子部件和零件，这种产品的瀑布状层次结构称为产品结构。作为产品模型研究的核心，产品结构体现产品零部件的组成关系。一个完整的产品结构模型由产品在整个生命周期中各个确定活动定义的知识及其全部过程实施的知识构成，能支持产品生命周期各阶段的活动，实现产品信息的共享。上述产品结构子树模型均由产品、部件和零件的 BOM 部分或全部构成。

对于同一个产品，不同部门需要的 BOM 不尽相同。在产品开发阶段，主要包括设计 BOM（engineering BOM, EBOM）、工艺 BOM（process planing BOM, PPBOM）和制造 BOM（manufacturing BOM, MBOM）这三种。这些 BOM 从不同侧面表达了产品的组成形式以及相关属性项的信息。

产品设计阶段的主要任务是在产品概念模型的基础上形成完整的产品开发方案，它包括产品配置，零部件的几何形状、尺寸、精度，以及零部件之间的各种约束关系。在产品设计部门形成了工程设计阶段的设计 BOM。设计人员根据客户订单及功能需求进行产品设计，确定产品所包括的零部件及其结构关系，常见的文本形式包括明细表和汇总表等。

产品制造阶段包括生产准备、供应、加工、外协和装配等过程，是产品在物理上形成的阶段。在产品制造阶段，管理工程师根据产品设计方案确定物料需求，制定原材料采购计划、零部件外协计划和自制件加工计划。管理人员根据计划进行分解，优化调度配置所需的制造资源，进行加工装配等活动。该阶段的产品结构模型是在 EBOM 的基础上，添加详细工艺、工装、材料和虚拟件等信息，反映了零件、装配件和最终产品的制造方法和装配顺序，形成了 MBOM，最终的 MBOM 包含了产品生产中出现的和必需的全部物料项。

产品服务支持阶段是从物理产品形成开始到产品报废为止的时间跨度。在这个阶段，服务工程师对产品进行测试，交付用户使用。典型的服务包括产品安装、使用培训、故障诊断和维护等。在产品应用过程中，客户一般通过电话、传真、电子邮件和网页等向制造企业反馈产品运行状况及发生的故障。技术服务工程师将向客户建议一套诊断方案和排除故障的步骤。如果无法通过远程指示解决问题，那么技术服务工程师必须到现场解决客户的问题。另外，还需要对产品回收处理负责。

产品服务支持结构子树模型包括产品在销售、运输、安装、调试、使用、维修及回收过程中所需要的技术文档和信息，其模型包括产品销售模型、产品服务模型和产品回收模型。产品服务支持模型不仅要反映产品销售信息和装拆信息，还要包括安装要求、安装说明、调试说明、使用说明、运行状态、故障诊断、维护信息、备件信息和材料回收等内容。这些信息以各种电子文档、图档和多媒体文件形式附在相应的产品 BOM 上，形成了服务 BOM（service BOM, SBOM）。

EBOM 反映的是产品的设计结构，MBOM 反映的是产品的制造装配顺序，而 SBOM 不仅反映产品的装配顺序，还要包含安装要求、安装说明、调试说明、使用说明、运行状态说明、故障诊断、维护信息和回收信息等。因此，EBOM 和 MBOM 转化为 SBOM 的过程，就是将这些信息都以各种电子文档、图档、多媒体文件等形式附在 SBOM 上来体现的。EBOM 和 MBOM 向 SBOM 转化的模型如图 3-7 所示。

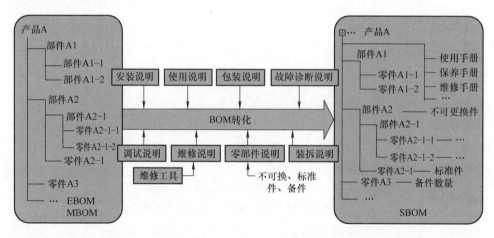

图 3-7　EBOM、MBOM 向 SBOM 转化的模型

与 EBOM 和 MBOM 不同的是，SBOM 中的零部件要按其特性分为可换件和不可换件两类。可换件是指当产品出现故障或零部件损坏时可以更换的零部件，如易损件和消耗件；不可换件是指产品出现故障或零部件损坏时无法更换或不值得更换的零部件，如机床的床身。有的产品的零部件一旦损坏，更换它

的费用和购买一个新的差不多,这也就没有必要更换。可换件又分为两类,一类是标准件,可在市场上买到,如轴承、螺钉和螺栓等;另一类为非标准件,必须由企业自己或合作伙伴生产。为用户提供的备件实际上就是可换件中的非标准件,所以在 SBOM 中零部件必须标明不可换件、标准件和备用件。

3.2.5 服务 BOM 的转化方法

构成 BOM 的信息很多,而 EBOM、MBOM 向 SBOM 转化的过程只是涉及产品各个零部件的服务信息和知识,因此只在 BOM 结构基础上考虑服务知识的收集和整理。从 EBOM 向 SBOM 的转化包括了结构的转化(即节点的增加和删除)和节点数据映射两个步骤。

1. BOM 结构的转化

本文基于节点的变化,设计了一种 BOM 的形式化定义方法来描述 BOM 的结构。并进一步地给出了模型中节点的各种操作方法,论述其操作规则。

节点集合 N 为产品生命周期中所有 BOM 节点 n 的集合,即

$$\forall n \in N$$

关系集合 R 是 BOM 中节点结构关系 r 的集合,且有

$$R = N \times N$$

$$\forall r \in R, r_{12}=(n_1, n_2) \quad n_1 \in N, n_2 \in N$$

r_{12} 表示 n_1 与 n_2 为父子关系,r_{21} 表示 n_1 与 n_2 为子父关系,即

若 $\forall r_{12}=(n_1, n_2)$

则 $\exists r_{21}=(n_2, n_1)$

在产品的设计、制造阶段 BOM 结构主要表示了产品的装配关系,在 BOM 结构表中呈现父子关系。

B_X 为 X 阶段产品 BOM 模型,表示为

$$B_X=(N_X, R_X) \quad N_X \subseteq N \quad R_X \subseteq R$$

其中,X 的取值范围为(E|M|S),E 表示设计阶段,M 表示制造阶段,S 表示服务阶段。

在本文中,为了实现从 EBOM、MBOM 到 SBOM 的转化,对于 BOM 中的节点,基本操作包括复制和添加两种。上述的形式化模型,清晰地定义了 BOM 的结构。在本模型中,定义以下两类操作规则模拟 BOM 的节点操作。

节点复制操作,定义为

$$\otimes(n_1, n_2)$$

表示将节点 n_1 及其所有子节点（包括节点关系和自然属性）复制到另一个节点 n_2 的操作。

节点增加操作，定义为

$$\oplus(n_1, n_2)$$

表示向 BOM 节点 n_1 添加关系 $r(n_1, n_2)$。如果节点 n_2 不存在，则首先创建节点 n_2。

EBOM 向 SBOM 的转化实际上是首先复制 EBOM，得到产品的基本结构树，在此基础上遍历搜索 EBOM 树，对每个节点都搜索与该节点相关的服务信息，如果存在则为该节点增加与之相关的服务节点，同时定义它们之间的关系 r，具体过程如图 3-8 所示。

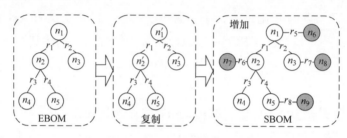

图 3-8 BOM 结构树转换

在图 3-8 中，EBOM 向 SBOM 转化可形式化表示为

$$B_E = ((n_1, n_2, n_3, n_4, n_5), (r_1, r_2, r_3, r_4))$$

$$B_S = ((n_1, n_2, n_3, n_4, n_5, n_6, n_7, n_8, n_9), (r_1, r_2, r_3, r_4, r_5, r_6, r_7, r_8))$$

从 B_E 向 B_S 转化的步骤可以如下描述：

第 1 步，复制产品 EBOM 的节点到 SBOM 中，根据节点复制操作的定义，可以如下表示 n_1 到 n_1' 的复制过程

$$\oplus(n_1, n_1') \Rightarrow B_{E \to S}((n_1', n_2', n_3', n_4', n_5'), (r_1', r_2', r_3', r_4'))$$

第 2 步，对复制后得到的产品 BOM 为临时 BOM 结构树，需要根据该 BOM 结构进行遍历搜索，取得节点后对该节点的服务知识进行搜索，如果发现与该节点有关的服务知识则为该节点增加相关节点，同时增加两个节点之间的关系到 BOM 中。因此，第 2 步是增加节点的步骤。根据节点增加操作的定义，可以形式化表示为

$$\oplus(n_1, n_6) \Rightarrow B_{E \to S}((n_1, n_2, n_3, n_4, n_5, n_6), (r_1, r_2, r_3, r_4, r_5))$$

第3章 服务知识的定义、获取与表示方法的选择

其中 $r_1=(n_1, n_2)$, $r_2=(n_1, n_3)$, $r_3=(n_2, n_4)$, $r_4=(n_2, n_5)$, $r_5=(n_1, n_6)$。

$\oplus(n_2, n_7) \Rightarrow B_{E\rightarrow S}((n_1, n_2, n_3, n_4, n_5, n_6, n_7), (r_1, r_2, r_3, r_4, r_5, r_6))$

其中 $r_1=(n_1, n_2)$, $r_2=(n_1, n_3)$, $r_3=(n_2, n_4)$, $r_4=(n_2, n_5)$, $r_5=(n_1, n_6)$, $r_6=(n_2, n_7)$。

$\oplus(n_3, n_8) \Rightarrow B_{E\rightarrow S}((n_1, n_2, n_3, n_4, n_5, n_6, n_7, n_8), (r_1, r_2, r_3, r_4, r_5, r_6, r_7))$

其中 $r_1=(n_1, n_2)$, $r_2=(n_1, n_3)$, $r_3=(n_2, n_4)$, $r_4=(n_2, n_5)$, $r_5=(n_1, n_6)$, $r_6=(n_2, n_7)$, $r_7=(n_3, n_8)$。

$\oplus(n_5, n_9) \Rightarrow B_{E\rightarrow S}((n_1, n_2, n_3, n_4, n_5, n_6, n_7, n_8, n_9), (r_1, r_2, r_3, r_4, r_5, r_6, r_7, n_8))$

其中 $r_1=(n_1, n_2)$, $r_2=(n_1, n_3)$, $r_3=(n_2, n_4)$, $r_4=(n_2, n_5)$, $r_5=(n_1, n_6)$, $r_6=(n_2, n_7)$, $r_7=(n_3, n_8)$, $r_8=(n_5, n_9)$。

这样，经过第1步的复制和数次的增加操作，实现了 EBOM 向 SBOM 结构的转化。

2. 数据映射

结构映射规则经过节点的复制、增加和删除已经完成。接下来对 BOM 节点数据的映射过程进行研究。

根据文献对 BOM 映射的研究，认为不同 BOM 之间数据映射关系可以总结为如下 5 种类型：

1）遗传映射：指在 BOM 数据视图映射前后，节点属性数据没有发生变化。

2）变异映射：指由于应用领域的不同，BOM 属性数据通过视图映射重新确定。

3）衍生映射：映射后的 BOM 视图物料项属性数据是在原 BOM 物料项属性和数据的基础上，在一定的约束条件下，通过物料之间的关联派生出的新数据。

4）聚合映射：指映射后的 BOM 视图物料项属性数据，是由 BOM 视图多个属性经过协同数据处理而获得的。

5）分离映射：映射后将原本属于同一个节点的属性集分开，成为两个或两个以上节点的属性集。

在实际应用中，考虑到 SBOM 是对经过结构映射的 BOM 结构树的相关节点在原有基础上添加了部分服务属性和服务数据。因此，在以上 5 种数据映射的基础上，对 SBOM 的数据映射过程进行分析，在产品 EBOM 向产品 SBOM 映射的过程中定义了以下 3 种映射：

1）遗传映射：BOM 视图映射前后，节点属性及数据没有发生变化。SBOM 的某些节点数据并不会发生变化，因此属于一种遗传映射。不同型号的

产品 SBOM 在生成过程中可能需要在同类型产品 SBOM 的基础上得到，相同零部件节点的数据可以通过导出映射获得。

2）缩减映射：映射后 BOM 节点原有的部分属性被去除。由于 SBOM 只强调服务数据，因此 EBOM 中的节点设计属性和装配属性等可以去除，在 EBOM 向 SBOM 的映射过程中缩减映射必不可少。

3）添加映射：在 EBOM 向 SBOM 的转化过程中，向 EBOM 的节点添加零部件的服务数据是非常重要的一类映射，称为添加映射。

在上述定义的基础上，对以上映射函数进行了如下定义：

遗传映射函数为

$$F_H : B_E \rightarrow B_H \Rightarrow D_i \in D \text{ 且 } D_i = D_h$$

其中 $\forall n_i \in B_E$，B_H 表示经过遗传映射的 BOM，D 表示 BOM 节点的数据属性集合，D_i 是节点 n_i 的数据属性，D_h 为映射后的节点 n_i 数据属性，经过遗传映射后数据并没有发生变化。

缩减映射函数为

$$F_C : B_E \rightarrow B_C \Rightarrow D_i \in D, d_i \in D_e, d_i \notin D_c$$

其中 d_i 表示节点 n_i 的数据属性，经过映射后被删除，不属于属性集合 D_c。

添加映射函数为

$$F_A : B_E \rightarrow B_A \Rightarrow D_i \in D, d_i \notin D_e, d_i \in D_a$$

其中 d_i 表示节点 n_i 的数据属性，原来不属于属性集合，经过添加映射后成为节点 n_i 的属性。

经过以上定义，可以得出从 EBOM 到 SBOM 的数据映射过程可以如下表示

$$BOM_S = F_H(F_C(F_A(BOM_E)))$$

$$B_E \rightarrow B_S = F_H F_C F_A$$

对 EBOM 向 SBOM 的数据映射经过了遗传映射、缩减映射和添加映射 3 个过程，最终实现了 BOM 视图的数据转化。

事实上，将产品使用说明，各个零部件的调试、诊断、安装及保养等信息与产品的 EBOM 和 MBOM 进行集成，形成了具有多节点的服务阶段 BOM 模型（见图 3-9）。产品 SBOM 正是将各种零部件信息，包含配件、备件和标准件信息，产品使用说明，调试、诊断、安装及保养等信息集成在一起，便于维修服务人员根据服务 BOM 快速确定该产品或零部件的服务解决方案，为客户提供实时准确的服务。

第3章 服务知识的定义、获取与表示方法的选择

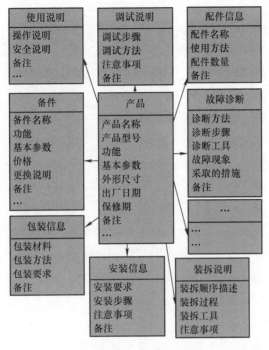

图 3-9 SBOM 示例

通过以上对映射规则的定义和数学描述，使得 SBOM 视图的转化具有可行性和有效性。

3.3 服务知识表示方法的选择

服务管理涉及多个产品和多个部门，是一种企业服务部门与客户沟通，企业内部多部门协同的作业，所以产品服务涉及的知识是极其丰富和庞杂的，如何规范地描述或表达这些产品服务知识，一直是服务管理领域亟待解决的问题。通常人们习惯于用自然语言来表达知识，如果以自然语言表示把产品服务知识直接引入到计算机，当然是最理想的了。但是，自然语言有歧义性，语法和语义也难于有完善的描述。而且，计算机技术目前还不能很好的对自然语言进行有效的处理。所以，需要在服务知识管理中不断地探讨如何使计算机能直接理解并能智能化地实现对产品服务知识的处理。为了把这些产品服务知识（事实、规则和概念）明白无误地用计算机所能接受的形式表示出来，必须建立一组约定的、便于把产品服务知识编码成一种适当的数据结构的规则，并在

计算机中存储起来。一旦计算机以适当的方式使用这些产品服务知识，就会产生智能行为。这就是产品服务知识表示要研究的问题。

3.3.1 服务知识的特点

产品服务不仅仅是一种产品技术服务方式，更是一种企业经营、管理和运作的模式，涉及技术、经济、组织和管理等多个层面，所以服务知识与一般知识相比具有如下特点：

（1）多样性　根据上文对服务知识的分类可以看出，服务知识涉及的范围广泛，服务知识除了包含产品基本信息，客户基本信息，以及服务部门、人员的基本信息等常识性知识，还包括已经成为规则和方法的显性服务知识及维修服务经验等隐性知识；根据服务知识的作用及表示的不同，服务知识包括产品基本信息、产品状态描述的事实性知识、服务规则和服务方法等规则性知识，以及服务团体或个人的隐性服务知识。服务知识支撑着产品服务工作的开展，具有多样性的特点。

（2）关联性　服务实体知识、服务客体知识、服务对象知识、显性服务知识和隐性服务知识这些知识之间互相关联。服务实体、服务客体和服务对象通过服务这一活动联系起来。产品与客户相关，服务人员根据客户知识、产品基本信息和产品状态，结合显性服务知识和隐性服务知识制定服务方案，为客户提供有效的服务；服务方案的制定要参考产品基本信息和产品状态描述；显性服务知识和隐性的案例知识是服务方案决策的基础。所以各种服务知识间相互联系，相互依赖。

（3）可扩展性　产品服务经验、维修经验和故障诊断等经验知识和因果知识是服务领域知识的主导，而经验是不断累积的，这种不断累计和扩充决定了服务领域知识具有可扩展性和开放性的特点。

（4）情境相关性　服务知识是有关信息关联在一起形成的信息结构，"信息"与"关联"是构成服务知识的两大要素。服务知识的复杂性造成某些信息的模糊化，经验知识增加了信息的不确定性。另一方面，服务知识的不确定性在于服务知识与产品和客户的情境相关，可能某型号产品在某一阶段的服务知识在另一型号中不再适用，这就造成了服务知识的不确定性，因此，服务知识与知识情境密切相关。

3.3.2 选择服务知识表示方法的原则

知识的表示形式是知识库系统首要解决的问题，它应当用计算机可以"理解"的方式对知识进行表示，同时以一种人类能够理解的方式将处理结果告知用户。

从计算机科学的观点来看，服务领域知识是各种与客户服务相关的信息综合处理的结果，在综合过程中，信息通过相互比较，结合成有意义的链接。表示，是为描述客观世界所做的一组约定，是知识的符号化过程。表示，就是将知识编码为一种适当的数据结构。也就是说，知识表示是将数据结构和解释过程结合起来。服务领域知识的表示，则是将服务事件这一客观领域的事实、关系和过程等编码为一种合适的数据结构。如果把合适的知识以合适的方式提供给合适的人就可以启发其正确决策，并得出新的知识。如果在计算机程序中以适当的方式使用知识表示，将促使计算机产生智能行为。

知识表示主要是选择合适的形式来表示知识，即寻找知识和表示法之间的有效映射机制。如上文中分析的，当前知识的表示方法有很多，且各有优劣。常用的表示方法有：谓词逻辑表示法、产生式表示法、语义网络表示法、框架表示法和面向对象的表示法等。最近知识工程中又提出了有语义表达能力的本体知识表示法，同一种知识可以采用不同的表示法。但在解决同一问题时，不同的表示法会产生完全不同的效果[54]。

究竟采用何种方法表示产品服务知识，必须结合产品服务知识的组成和特点决定。产品服务知识表示的目的，在于通过知识的有效表示，以合适的方式提供合适的信息辅助服务人员做出高效的服务方案决策。

结合产品服务知识的特点和应用目标，在选择产品服务知识表示方法时，需要考虑以下几点原则：

1）由于服务知识的多样性，所选择的知识表示方式对于产品服务知识和专家知识的特点及结构能充分地、适当地、正确地表达出来，并且多种知识之间应该相融并具有联系。

2）要考虑其模块结构能否满足知识不断完善的需要。随着人们对服务管理的认识的加深，产品服务知识、专家知识或者专家经验是不断完善的，其数据库也是在不断扩充和完善的。因此，选择知识表示方法时，要考虑组织结构，以利于新的服务知识的获取和服务知识库的扩充和完善。

3）要考虑产品服务知识的表示是否条理清楚。也就是说产品服务知识的表示是否简单、有效、清晰，是否能够方便和迅速地进行服务方案策略求解和产品服务知识的搜索，对于满足客户服务对时效性的要求非常重要。

4）要考虑产品服务知识表示的可理解性。即考虑产品服务知识表示的形式结构与服务领域的专门知识形式应该相吻合，以便容易被该领域的专家所理解，并有利于在构造和完善专家知识系统的进程中，计算机软件设计人员与学科领域专家的沟通与合作。

3.3.3　本体表示方法的作用和优势

至此，本文已经分析了产品服务知识的特点和知识表示原则，考虑到服务领域知识表示的目的，发现服务知识的表示方法应该能够对复杂的知识进行条理清晰的表示，并且容易对服务知识模型进行扩展，该表示方法具有一定的可操作性。

产品服务领域的知识表示的主要目的是抽取知识中隐含的事实、关系及逻辑架构。将知识（如对象及概念等）与其之间关联，利用分级或推理规则表示，以便于使用者识别、理解和应用知识。为实现企业内部和企业之间的服务知识及知识处理系统的共享和互操作，不同的用户、组织和软件系统必须进行有效的通信。但是目前服务领域缺乏对服务知识的管理，更是没有服务知识的共享机制，致使对于同一个基本概念可能会产生不同的理解，势必会阻碍服务知识的共享和重用。本体论的提出减少或消除了概念及术语的混乱，从根本上解决了这一问题。

领域本体是实现领域知识共享、集成和重用的基础。本体提出的最初目标是实现知识的共享、集成和重用，这也是本体的主要作用和研究本体的意义所在。领域本体为需要实现共享领域知识的研究者们提供了一组公共的可共享的领域概念。

知识表示通过对服务知识的实体及实体之间的关系进行严格的语义描述，对服务领域的知识统一用户概念，避免产生歧义。因此，构建知识本体是为了有效融合企业内部各部门或各分支机构的异构知识和分布式知识，旨在帮助用户获取准确的服务知识，促使服务知识达到共享和重用的目的[55]。

本体提出的最初目标是实现知识的共享和重用，这是本体的主要作用和研究本体的意义，也是本文研究产品服务领域本体的目的。根据本体的作用，将产品服务领域本体的作用归纳为以下几点：

1. 知识的共享

开发领域本体的主要目的之一就是对知识的理解提供一种可共享的、共同的概念集合。产品服务知识是长期的、以经验知识为主的领域，其核心概念是不会经常改变的，这个核心概念集是实现知识共享和互操作的基础。

2. 知识的重用

实现领域知识的重用一直是本体研究的主要推动力之一。通过维护、扩充产品领域本体，使得面向该领域的应用系统的开发工作不必从头做起，大大提高了服务效率。

3. 知识的标准化

服务领域本体为描述该领域知识提供了一组通用词汇，而这种通用词汇正是实现知识系统化的基础。通用词汇和知识的系统化有利于实现知识的标准化。

本体技术在知识的形式化描述与共享方面具有独特的优势。用本体表达知识具有本体语义的丰富性、本体概念的可扩展性及本体规则公理的简洁性等优势，使它成为知识建模的重要手段，目前几乎所有的面向语义的知识库都是基于本体构建的。

产品服务自身的特点也决定了本体表示是一种有效的方法。采用构建服务知识本体模型的方法来表示产品服务知识，能很好地把隐性产品服务知识显性化，此外，还能消除服务知识的不确定性，实现信息共享，使业务协同关系更加密切。本体在产品服务知识表示中的优势主要体现在以下方面：

1）本体提供统一的术语和概念，消除服务领域知识的歧义达成一致理解。产品服务知识涉及产品、客户和服务方法等各领域的知识，需要企业之间或者企业内部多个部门协同处置，但不同的部门对同一术语的定义不同，其应用的信息系统采用的技术和数据存储格式不同，存在多重分歧；而本体的核心目标就是试图为服务领域提供统一的概念界定，提供实现知识共享的前提。基于本体的服务领域知识，可以减少概念和术语上的歧义，消除由于应用背景不同而造成的理解上的冲突和混乱，促进不同服务知识的共享和重用。

通过构建产品服务本体规范产品服务术语及其关系，消除各业务系统的语义异构，从本质上解决语义集成问题，提供产品服务领域内一致的、无歧义的理解，才可能实现跨部门的服务协同，为客户提供快速、高效的服务。

2）是产品服务知识共享、复用和创新的基础。本体分析澄清了产品服务知识的分类和结构，识别出产品服务概念的本质和联系，实现服务知识语义上的、本质上的集成，成为服务信息与服务知识共享的基础。在产品服务知识本体基础上可以进行产品服务知识的语义查询与语义浏览导航，把合适的信息的在合适的时间（及时，客户服务非常强调时效性）以合适的方式准确地提供给合适的人（决策者、服务人员或者客户），形式化后使计算机可识别和理解其语义，进行有效的人机协作与交互，从繁杂海量的信息中有针对性地提取出其蕴含的显性和隐性的经验和知识，并以语义关联的方式为服务方案的制定提供相关知识支持，即产品服务知识的复用。并可以更好地辅助决策者根据产品服务知识进行更科学更有效的服务方案制定，即实现知识的重用，对提高服务领域的知识共享和服务效率具有重要意义。

3）可有效地显性化产品服务隐性知识。通过运用暗号、比喻、类比和模型，可以将存在于整个组织中的有价值的隐性知识转化为容易传播的显性知识。服务领域的隐性知识存在于员工个体和企业内各级组织中难以规范化、难以言明和模仿、不易交流与共享、不易被复制或窃取、尚未编码的各种内隐性知识，同时还包括通过流动与共享等方式从企业外部有效获取的隐性知识。而案例就恰恰起到了转移这些隐性知识的桥梁作用。通过案例存储的数据，可以用一种联结情境的方式来获取解决问题或发现知识，用比较快捷的手段了解到隐含在数据和信息当中的知识，并转化为企业员工所能理解的方式体现出来，促进企业的知识积累和知识创新，从而提高企业的核心竞争力。

本文通过对本体特点和优势的分析，提出构建产品服务本体，用服务案例本体表示服务的案例和服务人员的经验，这样可以有效表达隐性产品服务知识，通过对于产品服务知识中的案例本体模型进行检索和共享将产品服务隐性知识提供给服务人员或者客户，实现隐性知识的重用，逐步实现隐性知识的显性化。

此外，本体还是实现语义网的基础，能够为互联网环境下知识的共享与重用提供技术使能，与互联网环境下设备维护知识的表示要求相吻合，有助于实现在线产品服务知识支持。

第 4 章
基于本体的服务领域知识建模

服务知识是在客户服务中产生和应用的重要信息，反映了产品在使用中的各种问题，如何对产品服务知识进行有效的表示，获得产品发生故障的规律，从而调整客户服务模式、提高客户满意度，是制造企业在客户服务领域的重要内容。目前本体在知识的表示中应用较多。因此，本章首先分析了本体的基础理论和构建方法。其次结合客户服务领域知识的分类，利用本体构建方法分别对客户知识、产品知识和服务资源进行了本体建模，重点针对客户服务领域的案例知识的本体表示进行了研究。最后分析了客户服务知识库的存储方法，给出了服务领域本体存储模型。

语义描述的基础之一是本体，为了组织服务知识以便于知识需求和检索，需要建立本体模型，并利用本体中定义的术语作为元数据来标注，以有效描述大量的服务相关概念和领域知识、服务案例和专家经验等。知识本体作为领域知识规范的抽象和描述，可以构造丰富的概念间的语义关系，能够准确描述概念含义及概念之间的内在关联，形式化能力最强。同时，本体组织便于逻辑推理获取概念之间的蕴涵关系，提供较高的知识推理能力。因此，运用知识本体进行设计知识的表达，可以更好地实现基于语义的知识共享和知识需求。

4.1 本体的概念和方法体系

4.1.1 本体的概念

本体（ontology）的概念起源于哲学领域，是共享概念模型的明确的形式化规范说明。本体定义的核心是在把握事物本质的基础上，通过抽象事物类型及其关系约束的明确定义，实现复杂认知知识的规范描述。比较有代表性的定义见表 4-1 所示。

表 4-1 本体的定义

作者	定义
Neches, et al, 1991	给出构成相关领域词汇的基本术语和关系，以及利用这些术语和关系构成的规定这些词汇外延的规则的定义
Gruber, 1992	关于概念的规范化描述
Borst, 1997	共享概念模型的形式化规范说明
Studer, et al, 1998	是共享的概念模型的明确的形式化规范说明

在 Studer 的定义中强调了"明确"这一约束条件，因此该定义包含了 4 个方面：概念化（conceptualization）、明确（explicit）、形式化（formal）和共享（share）。

1) "概念化"是指通过抽象出客观世界中的一些现象（phenomenon）的相关概念而得到的抽象模型。概念化所表现的含义独立于具体的环境状态。

2) "明确"是指所使用的概念及使用这些概念的约束都有明确的定义。

3) "形式化"是指本体具有精确的数学描述，同时是计算机可读的（即能被计算机处理）。

4) "共享"是指本体中体现的是共同认可的知识，反映的是相关领域中公认的概念集，即本体针对的是团体而非个体的共识。

综合以上给出的概念可知，本体的目标是捕获相关领域的知识，提供对该领域知识的共同理解，确定该领域内共同认可的词汇，并从不同层次的形式化模式上给出这些词汇（术语）和词汇间相互关系的明确定义。

本体是某一领域 D 的概念化描述，它包括两个基本的要素：概念和概念之间的关系，可形式化定义为 $OD(C, R)$，其中：C 是 OD 上的概念集；R 是 OD 中概念之间关系的集合。

因此，本文认为本体是为了明确表达概念，通过一系列的方法体系将领域知识概念化，以明确概念的含义，并形式化地表达出来以方便计算机读取和处理，达到知识共享的目的。因此，本体包含了本体构建方法和形式化表达方式等一系列理论和方法。

最先引入本体论的是人工智能，随后逐渐扩展到知识工程、信息集成及面向对象分析等领域。目前，医药、机械工程及地理信息系统（geographic information system，GIS）等应用领域的研究者也积极研究如何利用本体论来解决各自领域面临的问题。

4.1.2 本体构建的方法

目前关于本体构造的方法以及相应评估的研究很多，比较有影响的有 T.R Gruber 提出的五条本体构造准则：

1）清晰（clarity）：本体必须有效地说明所定义术语的意思。这个定义应该是客观的，而且应尽可能地形式化和完整化，并且应该用自然语言加以说明。

2）一致性（coherence）：本体的一致性意味着它应该支持与其定义相一致的推理。

3）可扩展性（extendibility）：本体应该可以支持在已有的概念的基础上定义新的术语以满足需求，而无须修改已有的概念定义。

4）编码依赖程度最小（minimal encoding bias）：概念的描述不应该只依靠于某一种特殊的符号层来表示，同时实际的系统可能采用不同的知识表示方法，这就要求本体构造时可以采用不同的编码，并且保证其中的兼容。

5）最小约定原则（minimal ontology commitment）：本体约定应该在能够满足特定的知识共享需求的情况下尽可能地少。这可以通过定义约束最弱的公理及只定义通讯所需的词汇来保证。

此外西班牙马德里理工大学的 J.Arpirez 等人也提出了自己的本体构建准则，他们认为本体设计应该注意如下方面：

1）尽可能使用标准术语。

2）同层次概念保持最小的语义距离。

3）可以使用多种概念层次，采用多种继承机制来增强表达能力。

由于所有的本体设计基本原则都非常抽象，没有明确可操作的语义，有些原则之间甚至存在不一致的情况。在实际的本体构建过程中，要根据实际情况在不一致的原则中间进行权衡，根据实际应用的需要灵活掌握。当前对构造本体的方法和方法的性能评估还没有一个统一的标准，因此，还是一个需要进一步研究的方向。

目前本体工程中常用的有以下 7 种方法体系。

（1）骨架法　骨架法是建立在企业本体的基础上，是相关商业企业间术语和定义的集合，该方法只提供开发本体的指导方针。主要流程如图 4-1 所示。

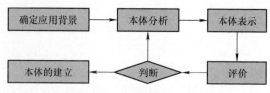

图 4-1　骨架法本体构建流程

采用这个模式目前已开发出 enterprise ontology（企业本体），它由一组与企业相关的术语和定义组成，主要用于企业模拟。

（2）评价法　Gruninger 和 Fox 提出的评价法又称 TOVE（Toronto virtual enterprise，多伦多虚拟企业），用于构造多伦多虚拟企业本体工程，由多伦多大学企业集成实验室研制，使用一阶逻辑进行集成。该方法的建立模式如图 4-2 所示。

TOVE 本体包括企业设计本体、工程本体、计划本体和服务本体。

TOVE 本体开发方法强调对本体的评价。TOVE 对本体的评价主要基于本体的完备性理论。在对本体进行维护时，这些理论具有重要的作用；任何对本体的操作，如本体扩展，都应该保证改动后的本体仍然满足完备性理论。

（3）Methontology 法　Methontology 法由西班牙马德里理工大学人工智能实验室提出，它将本体开发进程和本体生命周期两个方面区别开来，使用不同的技术予以支持。其中，本体开发进程包括项目管理活动、面向开发的活动和支持活动。该方法的本体构建流程如图 4-3 所示。

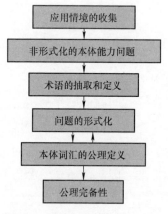

图 4-2　评价法本体构建流程图

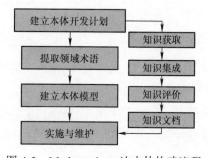

图 4-3　Methontology 法本体构建流程

另外，该模式还根据进化原型法的思想，提出本体生命周期的概念来管理整个本体的开发过程，使本体的开发过程更接近于软件工程中的软件开发过程。

（4）KACTUS 工程法　KACTUS 工程法（KAC96）是基于 KACTUS 项目而产生的，KACTUS 是指"关于多用途复杂技术系统的知识建模"工程（modeling knowledge about complex technical systems for multiple use）。具体本体构建流程如图 4-4 所示。

KACTUS 的目的是要解决技术系统生命周期过程中的知识服用问题，KACTUS 本体用 CML 语言描述，CML 是"知识辅助机制设计系统"（KADS，knowledge aided mechanical design system）的工程语言。

（5）SENSUS 法　SENSUS 法是开发用于自然语言处理的 Sensus 本体的方法路线，由美国南加利福尼亚大学（USC）信息科学研究所（ISI，information science institute）研制开发。该本体系用于自然语言程序，目前 Sensus Ontology 共包括电子科学领域的 7 万多个概念。为了能在 SENSUS 基础上构造特定领域的知识本体，必须要把不相关的术语从中剪除。该方法的本体构建流程如图 4-5 所示。

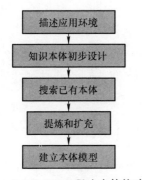

图 4-4　KACTUS 工程法本体构建流程

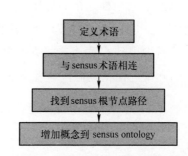

图 4-5　SENSUS 法本体构建流程

现已存在使用 Sensus 法构建的用于军事领域的知识本体，包括武器、原油和飞机等。

（6）IDEF5 法　IDEF 的概念是在 20 世纪 70 年代提出的结构化分析方法的基础上发展起来的。在 1981 年美国空军公布的 ICAM（integrated computer aided manufacturing）工程中首次用了名为"IDEF"的方法。IDEF 是 ICAM definition method 的缩写，到目前为止它已经发展成了一个系列。本体描述获取方法（ontology description capture method）IDEF5 提供了两种语言形式，即图表语言和细化说明语言来获取某个领域的本体论，其具体的本体构建流程如图 4-6 所示。

（7）七步法　七步法是由斯坦福大学医学院开发的，主要用于领域本体的构建。该构建方法的流程如图 4-7 所示。

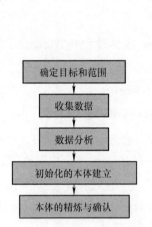

图 4-6　IDEF5 法本体构建流程

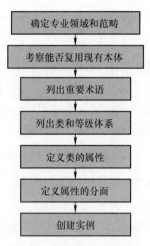

图 4-7　七步法本体构建流程

目前本体工程这个思路虽然已经被大家所接受，但是还没有出现成熟的方法论作为支持。上述的各种方法论也是诞生在具体的本体建设项目之中，在相应的项目中得到实践。这些方法之间并没有太大的差别，并且都和软件工程中常见的开发过程相类似。这些方法的流程比较分析见表 4-2。

表 4-2　本体构建方法的流程比较

方法 \ 步骤	工程管理阶段	开发前期	需求分析	设计	执行	开发后期	集成阶段
骨架法	—	—	有	—	有	—	不全
评价法	—	—	有	有	有	—	不全
Methontology 法	不全	—	有	有	有	不全	不全
KATUS 工程法	—	—	有	有	—	—	—
SENSUS 法	—	—	有	有	—	—	—
IDEF5 法	—	—	有	有	—	—	—
七步法	不全	—	有	有	有	不全	不全

目前知识工程界缺少公认的成熟的本体建模标准、开发指导原则和可操作性方法，在具体的应用中，应该根据各领域应用的特点选择和借鉴具体的创建和开发方法。

Perez 归纳出本体 5 个基本建模元语建立知识的本体模型，描述本体的结

构与内容:

1)概念(concepts)或类(classes),指任何事物对象,从语义上讲,它表示的是对象的集合。

2)关系(relations),在领域中概念之间的交互作用,形式上定义为 n 维笛卡儿积的子集: $R:C_1\times C_2\times\cdots\times C_n$;在语义上,关系对应于对象元组的集合。

基本的关系共有 4 种,见表 4-3。在实际建模过程中,概念之间的关系不限于表中列出的 4 种基本关系,可以根据领域的具体情况定义相应的关系。

表 4-3 本体基本关系表

关系名	关系描述
part-of	表达概念之间部分与整体的关系
kind-of	表达概念之间的继承关系,类似于父类与子类的关系
instance-of	表达概念的实例域概念之间的关系,类似于对象和类之间的关系
attribute-of	表达某个概念是另一个概念的属性

3)函数(fonctions),实际上是一类特殊的关系。该关系的前 $n-1$ 个元素可以唯一决定第 n 个元素。形式化的定义为 $F:C_1\times C_2\times\cdots\times C_{n-1}\rightarrow C_n$

4)公理(axioms),代表永真断言,如概念 A 属于概念 B 的范围。

5)实例(instances),代表元素,从语义上讲实例表示的就是对象。

4.1.3 本体的描述语言

本体的描述语言为本体的构建提供建模元语,为本体从自然语言的表达格式转化成为机器可读的逻辑表达格式提供标引工具;为本体在不同系统之间的导入和输出提供标准的机读格式;形式化语言表示,利用机器可读的形式化表示语言表示本体,可以直接被计算机存储、加工和利用,在不同的系统之间进行互操作。本体表示语言以描述逻辑为基础,拥有完备的表示能力,为精确表达概念及其关系提供保证[56]。

本体描述语言,也称为标记语言、置标语言、构建语言或者是表示(标示)语言,是用特定的形式化语言对本体模型进行描述,使得机器和用户都能达到统一的理解。主要包括:XML、RDF/RDFS 和 OWL 等。图 4-8 展示了这些语言在语义描述能力上的差异及不同语言所包含的互操作性。

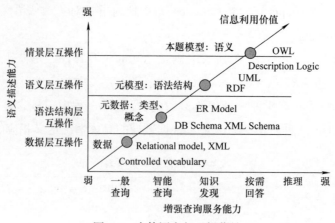

图 4-8　本体语言与互操作性

下面对三种主要的描述语言进行简单介绍。

1. XML

XML（extensible markup language）即可扩展标记语言，它与 HTML 一样，都是 SGML（standard generalized markup language，标准通用标记语言）。XML 通过嵌套的结构定义了信息之间的关系，从而使得计算机可以处理用 XML 表示的信息。

在本体语言层次中，本体描述语言 RDF、RDFS、OIL、DAML 和 OWL 等都是用 XML 来作为其语法格式规范。XML 本身只是一种语法格式，并不能表达语义信息，因为在 XML 中没有定义任何表达某种语义的元语，不能说明其中标签的语义及标签间的关系。因此在本体语言层次中，XML 属于语法层。

2. RDF

RDF（resource description framework）即资源描述框架，是 W3C（万维网联盟）在 XML 的基础上推荐的一种标准，可以为每一个资源描述体系提供一个描述其特定需求的语义结构的能力。

RDF 提出了一个简单的模型用来表示任意类型的数据。这个数据模型由下面三种对象模型组成：①资源（resources）：RDF 中所表示的资源可以是网页或者网页中的一部分，也可以是无法通过网络直接访问到的资源对象；②特性（properties）：特性描述的是某个资源的特征、属性或者资源之间的关系；③声明（statements）：一个 RDF 声明由一个资源和特性加上此特性的值一起组成。

RDF 的数据模型实质上是一种二元关系的表达，由于任何复杂的关系都可以分解为多个简单的二元关系，因此 RDF 的数据模型可以作为其他任何复杂关系模型的基础模型。

3. OWL

OWL（web ontology language）即网络本体语言，是一种优秀的本体表示语言，是以描述逻辑为理论基础构建的语言系统，它继承了 RDF 的基本事实陈述方式及 RDF Schema 的类和属性分层结构，在此基础上进行扩展，加入了许多新词汇，克服了 RDF/RDFS 对概念和属性之间关系描述能力弱的问题，同时因为语义网的分布特性，OWL 采取"开放世界"的设计思想，即没有显式说明的信息就是未知，这符合描述逻辑的推理思想，所以 OWL 具有丰富的语义表达能力、精确的语义表述性能力和有效的可计算性，能够让使用者对领域内的概念进行规范和显示的描述，并进行合理的推理。

OWL 语言是 W3C 推荐的标准，对构建本体提供了多本体共享、演化、互操作、一致性检验、表述性与可扩展性等特性支持，其底层语法符合 XML 标准，具有与多种本体表示语言的兼容性和交互性，所以在对网络资源的标引和本体构建方面具有广阔的应用前景。

在基于 OWL 的知识表示过程中，首先需要对信息资源和知识资源进行面向对象的抽象，抽取出对象、概念及他们之间的关系，然后遵循 OWL 知识表示的语法要求，建立对应的抽象类（包括概念、属性、关系等），并将这些类存放在一个 OWL 类型声明文档中，然后再定义这些类的实例，放到另一个 OWL 知识文档（或者根据需要存放到多个文档中），由这些 OWL 文档构成知识库。OWL 的知识表示过程如图 4-9 所示。

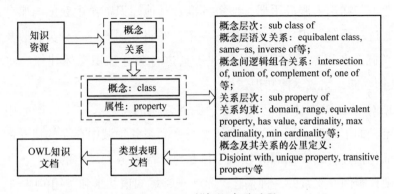

图 4-9　OWL 的知识表示过程

OWL 本体包括了对类、属性和个体的描述。上一步骤形成的模型中的要素必须与之对应，更为重要的是 OWL 提供了丰富的公理，不仅准确描述了知识中的类、属性和个体，还对它们之间的复杂的逻辑关系进行了精确描述，为知识的推理做了良好的准备。

4.2 产品服务领域知识本体的构建模型

4.2.1 产品服务领域知识本体的构建过程

结合上文对本体概念和构建方法的分析，本文认为本体论中的实体是对某领域应用本体的方法分析和建模的结果，即把现实世界中的某个领域抽象为一组概念及概念之间的关系，是一个概念化的显式说明或表示。包括概念的定义、概念相互之间的关系及概念与概念之间关系所满足的公理，他们共同对某个应用领域施加一个结构，限制对术语可能的解释和应用。

结合上文所分析的本体构建方法，结合七步法本体构建流程，本文在服务领域首先根据知识资源对知识进行获取，确定本体构建的领域和范围，对所涉及的知识进行分类，收集各类知识的关键术语，根据术语定义本体的概念，以及概念的属性和概念之间的关系，最后创建实例。在本体建模完成后引用本体构造工具，例如现在应用较为广泛的 Protégé 和 OntoEdit 等工具构造本体，生成 OWL 文档，将本体存储到数据库中，实现本体的存储。

产品服务领域知识本体的构建过程如图 4-10 所示。首先从企业的设计知识、制造工艺知识、服务手册、服务标准及其他知识资源中获取与服务相关的知识，通过对服务知识领域和范围的界定，对服务知识进行分类，收集专业术语，定义概念和层次，利用本体构建工具进行服务知识本体建模，将生成的 OWL 文档存储，完成本体知识建模。

根据 Gruber 对本体的定义及客户服务领域的特点，本文对产品服务领域本体的定义如下：产品服务领域本体是对产品服务领域中存在的概念的一种详尽的特征化描述，即产品服务领域本体是对产品服务领域内的概念、关系、属性、规则和实例五要素的一种描述，是实现领域知识共享和重用的基础。

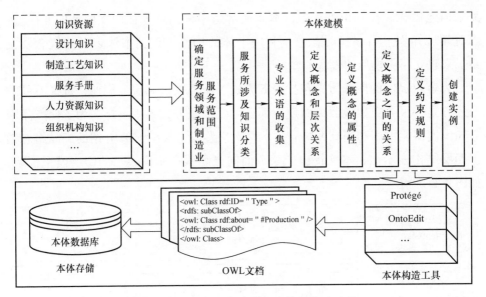

图 4-10 产品服务领域知识本体的构建过程

4.2.2 基于本体的产品服务知识表示框架

对服务领域知识的研究并不多见，但是服务领域中的故障知识却被认为是一类非常重要的质量知识，在产品售后服务和产品设计及生产制造中都应用频繁，研究比较多。有研究认为，企业在长期的服务过程中积累了大量与产品服务相关的知识，这些知识可能表现形式各异、存储格式各异，甚至可能只存在于部分技术人员的头脑里，为了进一步的发挥作用，必须对其进行有效的管理[57]。国外目前已开展了故障知识建模的研究工作，如 Yoshinobu 等给出了故障过程和故障分类的本体，Lars Dittmann 给出了基于本体的 FMECA（故障模式、影响和危害性分析）知识重用方法，但这些研究是从故障分析的角度出发，主要为故障诊断和局部的可靠性分析服务。国内任罡等[58]从产品设计的角度出发，建立了故障知识的本体模型，为产品的综合设计提供可靠性知识。王志等对矿井电机故障知识运用了本体理论构建了知识本体，给出了知识库模型，提高了故障知识的复用性。李梅等提出了基于本体的故障诊断知识库模型，并依据该模型设计了故障诊断专家系统。

按照本体的定义，本体是"共享概念模型的明确的形式化规范说明"，包括两个构件，即概念和概念之间的关系，并且在本体的开发过程中，通常使用类来描述概念。在知识工程中,本体通常是用来描述怎样建立模型的元模型。当对领域知识进行建模时,总是利用本体的构件(包括本体定义的概念及关系)来建立相应模型的模块。

为客户提供的服务方案包括服务方式、服务类型和服务周期,选择不同的服务方式、服务类型或服务周期,都有可能使服务方案不一样。为了使产品服务知识模型能重用和提高客户服务水平,借鉴参考文献[59]介绍的产品组态知识四层结构表示法,本文提出了一个面向产品服务知识表示的四层模型框架,如图4-11所示。

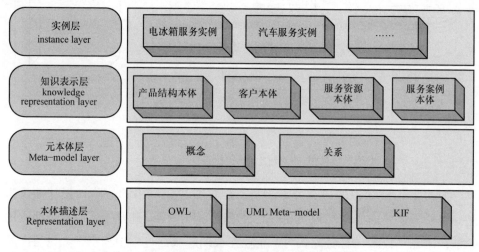

图 4-11 面向产品服务知识表示的四层模型框架

在图 4-11 中,最底层是本体描述层(representation layer),是为了选择一种语言规范化的定义产品服务知识,传统的知识描述语言包括 OWL、KIF(knowledge interchange format,知识交换格式)和 UML(unified modeling language,统一建模语言)元模型等。

第 3 层是元本体层(meta-model layer),产品服务元本体在该层定义。元本体定义一般的术语、词汇和关系,是产品服务领域所公共的知识。产品服务元本体作为一个公共的语义框架,提供公共的产品服务领域知识模型,知识表示层通过继承或重用元本体所定义的概念和关系,可建立相关资源的知识模型。元本体独立于具体资源类别而能重用。

第 2 层是每一类别资源(比如产品结构本体、客户本体和服务案例本体等)的知识模型,即知识表示层(knowledge representation layer)。从元本体层中抽象得出，广泛应用于各类资源的基本建模概念，以及利用这些建模概念构建应用对象的特定本体。

最上层是实例层（instance layer），表示一个特定产品服务实例，如电冰箱服务实例、洗衣机服务或者汽车服务实例等。描述某个具体产品服务模型知识，是特定产品服务本体的实例化。

通过使用四层结构，对元本体进行统一定义描述，每一类别资源通过继承元本体获得，保证了服务知识的规范性；服务知识能在服务领域的各类别资源中被重用，保证了知识的重用性和共享性。设备服务知识的构建基于已存在的服务知识，而不是重新构建，很大程度上减少了服务知识建模的难度。并且，由于元本体的建立不依赖于某种具体的语言，所以这种表示方法在选择何种知识表示语言形式化表示产品服务知识上是可选择的。

分析客户服务的活动会发现，服务与客户、产品及服务的提供者都有关系，而客户服务这项活动又具有自身的知识，例如服务规则、服务方法和技巧等，因此，在知识表示层，客户服务领域的知识有产品结构本体、客户本体、服务资源本体和服务知识本体，而服务知识本体包含了服务案例知识。

下面分别对客户知识、产品知识、服务资源及服务知识进行本体建模。

4.3 服务领域知识的本体建模

4.3.1 客户知识的本体构建

企业要实现从以产品为中心的管理方式到以客户服务为中心的管理方式将制造业向服务型制造转变，客户知识的重要性是显而易见的。由于服务的对象是客户，因此客户的知识对于服务活动本身来说具有重要的意义。在客户信息和产品服务信息之间，客户的活动起着桥梁和纽带的作用：一方面客户通过购买活动与企业发生联系，得到企业的相应服务；另一方面，企业因此拥有了客户的有关信息，从而为经营活动提供支持；而且在此基础上，客户在购买、使用和维修过程中会深刻感受企业提供的服务，并以投诉、意见或建议的方式将对未来产品的期望和偏好等反馈给企业。因此，服务领域的一个非常重要的知识就是服务对象知识——客户知识，必须将客户知识纳入到服务领域知识的范畴。下面就对客户知识进行本体建模。

1. 客户知识本体的构建方法

建立本体没有唯一的、普适的方法。项目的实际情况和本体建立者的思维习惯直接影响了本体建立方法的选择。无论选用哪种方法，其实建立本体最基本的任务只有两条：①抽取并定义领域内的概念；②说明概念间的关系。其他的内容都是根据创建实体的实际需要而附加的。鉴于本文的研究重点是服务领域知识本体的应用，因此对客户本体的构建采用手工构建的方法。

在 4.1.2 节中对本体构建的方法进行了详细的分析和比较，参考斯坦福大学医学院开发的七步法，在客户本体的建立过程中，本文采用了如下方法：

第 1 步：界定本体的范围和专业领域。

确定本体的目的、范围和需要解决的问题。本文建立客户本体的目的是为存储在分布式客户知识库中不同类型的服务知识所涉及的客户信息定义基本术语和元数据，提供客户信息的共享，消除不同企业或企业内部对客户信息理解上的歧义，最大限度地利用服务知识。

第 2 步：考察复用现有知识本体。

客户本体的建立重用了爱丁堡大学人工智能研究所建立的企业本体（enterprise ontology，EO）中的元本体及相关术语。

第 3 步：列出客户领域中的一些重要术语。

对 CRM 领域与客户相关的众多术语进行搜集、比较，从客户的不同视图对客户进行描述，包括客户类型、关联产品、客户行为和客户状态等不同的侧面。

第 4 步：定义类的属性。

确定客户各个概念之间的关系，以及客户在服务领域的属性等。

2. 客户知识本体

客户本体构建的过程关键在于定义客户资源中的各种类、类之间的关系和类的属性等。

客户知识是服务领域中的重要知识。首先通过复用现有知识本体和客户服务领域中客户的重要术语（客户知识中的重要概念和术语包括：客户行为、客户类型、客户状态、客户需求和关联产品等），将这些术语抽象为概念，并定义了概念的基本属性。例如，客户类型具有哪些类型，客户这一顶层概念具有姓名、性别、地址、联系方式等基本属性，还有客户需求、关联产品等服务领域的特有属性。其次定义概念和概念之间的联系，最后对客户这一本体创建客户实例。

客户知识本体的示例如图4-12所示。

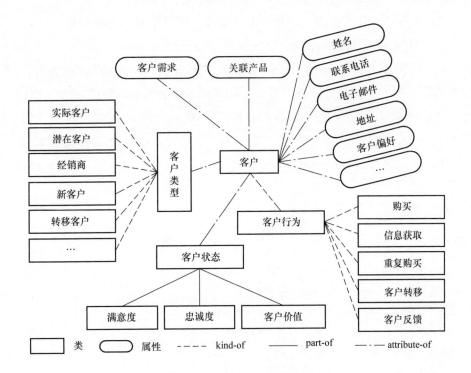

图 4-12 客户知识本体的示例

客户知识本体可表示为一个五元组 $CK=(C_c, D_c, R_c, I_c, X_c)$。

其中：C_c 表示客户知识领域概念的集合，如客户类型、客户状态、客户行为等；D_c 为概念 C_c 上的一组属性的描述，通常为自然语言；R_c 为概念与其他概念间的"关系"集合；I_c 是概念 C_c 的实例集合；X_c 是公理集合。

概念集合 C_c 可形式化表示为：

$C_c ::=$ <CID，Name，Syn，Abbr，ParentC，ChildC，Description> 分别表示概念标识符、概念名称、同义词、缩略词、父概念、子概念及概念的描述。

$C_c=\{$客户类型，客户行为，客户状态，满意度，忠诚度，客户价值$\}$

概念属性集合 D_c 可形式化表示为：

$D_c ::=$ <DID，Name，CID，RID，Type，Constraint，Default，Description>

分别表示属性标识符、属性名称、概念标识符、关系标识符、属性取值类型、属性的约束、属性默认值及属性的描述。其中，属性可以附属于某一概念，也可以附属于某一关系。客户知识本体属性值示例见表 4-4。

D_c = {姓名、联系电话、地址，电子邮件，客户偏好，关联产品……}

概念间关系 R_c 可形式化表示为：

$R_c ::= <\text{RID}, \text{Name}, \text{FirstCID}, \text{SecondCID}, \text{Description}>$ 分别表示关系标识符、关系名称、第 1 个概念标识符、第 2 个概念标识符及关系的描述。

R_c = { $<r_1$, has 客户类型，客户，客户类型 $>$, $<r_2$, has 客户行为，客户，客户行为 $>$, $<r_3$, has 客户状态，满意度 $>$, $<r_4$, has 客户状态，忠诚度 $>$, $<r_5$, has 客户状态，客户价值 $>$ }。

表 4-4 客户知识本体属性值示例

DID	Name	CID	RID	Type	Constraint	Default	Description
CD1	姓名	客户	—	string	—	—	not null
CD2	联系电话	客户	—	string	—	—	—
CD3	电子邮件	客户	—	string	—	—	—
CD4	客户需求	客户	—	string	—	—	—
CD5	实际客户	客户类型	—	string	—	—	not null
…	…	…	…	…	…	…	…

注：string 表示字符串；not null（表示不能为空）。

4.3.2 产品知识的本体建模

在设计领域产品知识被研究的较多。早期把产品功能定义为能量、原料和信息等输入/输出流之间的关系，后来把产品功能与它的行为联系在一起，越来越多的学者逐步认可通过功能（Function，F）、行为（Behavior，B）和结构

(Structure，S 或者 Form，F）三者之间的联系来描述一般的产品模型，以支持不同级别的产品抽象。目前认为以日本大阪大学基于 FBRL 语言的 S-B-F 模型最为成熟。

本文构建产品本体过程参考斯坦福大学的七步法，具体步骤如下：

1. 确定本体的专业领域和范畴

本文选择汽车作为目标产品，涉及的汽车产品信息库主要是针对目前汽车产品种类繁多、信息量大、信息组织和搜索复杂等问题，力求探索出一种应用本体论的产品信息组织形式，使其便于产品信息的搜索。

2. 复用现有的本体

目前在国内有很多专门介绍汽车的网站，并且已经形成了专门的产品信息库，本文研究了汽车网站和相关汽车知识手册。

3. 列出本体中的重要术语

术语清单是根据所猎取的汽车信息提炼出的，由于这个过程需要领域专家的参与才能做到最完善，而我们的能力受到限制，只能尽量做到提炼完全、解释准确，以表达本体的构建过程。

4. 定义类和类的等级体系

定义类和类的等级体系是一个很复杂并且需要多个领域专家参与的过程，而目前的研究只涉及其中一个很小的分类。

5. 定义类的属性

确定哪条术语是描述哪个类的属性，这些属性是依附于类的属性及属性的赋值类型（value type）、允许的赋值（allowed values）及赋值的基数（cardinality）。

制造企业产品本体的知识表示模型是使用统一的标准描述产品知识，使得产品知识能够在语义上互通，方便产品知识交换。产品本体主要有基本属性、结构、市场特征和加工过程等。产品的基本属性包括编号、名称、种类、型号、形状、成本、材料、计量单位、设计者、设计文档、版本和设计日期等；结构主要描述产品的部件构成关系，一个产品可能由多个子部件构成，各子部件又分成若干子部件或零件，直到不可再分为止。通过对产品本体知识进行分类化、层次化描述，不同的使用者就可以从不同的角度出发，检查到自己关心的产品信息，如普通购买者只关心产品的质量和价格信息，而对于需要服务的顾客可能更关心本产品相关的服务知识。本文根据上文的本体构建方法给出了汽车产品结构的本体示例，如图 4-13 所示。

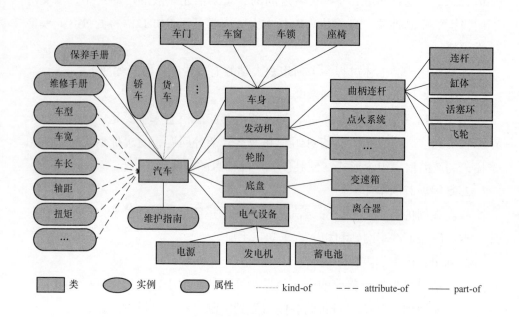

图 4-13 汽车产品结构的本体示例

产品知识本体可表示为一个五元组 $PK=(C_p, D_p, R_p, I_p, X_p)$。

其中：C_p 表示产品知识领域概念，如产品名称、零部件结构等；D_p 为概念 C_p 的一组属性值；R_p 为概念与概念间的"关系"集合；I_p 为概念 C_p 的实例集合；X_p 为公理集合。

概念集合 C_p 可形式化表示为：

$C_p ::=$ <CID, Name, Syn, Abbr, ParentC, ChildC, Description> 分别表示概念标识符、概念名称、同义词、缩略词、父概念、子概念及概念的描述。

概念属性集合 D_p 的形式化表示为：

$D_p ::=$ <DID, Name, CID, RID, Type, Constraint, Default, Description> 分别表示属性标识符、属性名称、概念标识符、关系标识符、属性取值类型、属性的约束、属性默认值及属性的描述。其中，属性可以附属于某一概念，也可以附属于某一关系。

概念间关系 R_p 的形式化表示为：

$R_p ::=$ <RID, Name, FirstCID, SecondCID, Description> 分别表示关系标识符、关系名称、第 1 个概念标识符、第 2 个概念标识符及关系的描述。

4.3.3 服务资源本体建模

在产品服务领域中构建对产品服务资源的共同理解，解决语义冲突，是产品服务领域的必然要求，因此需要建立产品服务资源本体。

产品服务资源管理是产品服务领域中的重要环节，只有将产品服务资源纳入到产品服务领域的知识管理中才能保证正确的服务人员使用正确的工具，运用最快的物流运送正确的备件，为客户提供最好的服务。可见在产品服务的过程中，产品服务资源是除了人为因素之外的一类非常重要的客观知识，是产品服务过程中重要的物质基础和物资保障，是产品服务领域资源共享的基本实体。

目前，还未见对产品服务资源的研究。国际标准化组织对资源进行了定义，将资源分为三类：人力资源、基础设施和工作环境。参照制造资源的定义和应急资源本体，本文认为产品服务资源是产品服务过程中使用的人力、物力等与服务相关的资源集合。按照资源类型的划分，本文将服务资源分为三大类：人力资源、工具资源和备件资源，具体的产品服务资源分类和分类层次如图 4-14 所示。

1）人力资源：服务技术人才、工人技师和管理人才等。

2）工具资源：为了提供产品服务而需要的工具，例如维修工具、检测工具、运输工具和包装工具等。

3）备件资源：产品的可更换零部件，分为替换件和标准件，也可以是替换的产品。

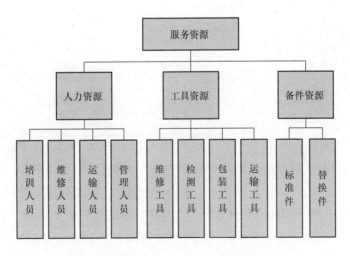

图 4-14 产品服务资源分类和分类层次

秉承本体论哲学简单而统一的要旨，在分析产品服务过程和产品服务所需资源的基础上，建立一组通用的概念，上文已将产品服务资源分为三大类。总结概念的属性，根据各类型产品服务资源的类型和特征，确定概念之间的相互联系，形成服务资源领域内的术语清单。然后将已知的关系事实和关系的转换规则形成产品服务资源的本体模型，由此得到的产品服务资源本体示例如图4-15所示。

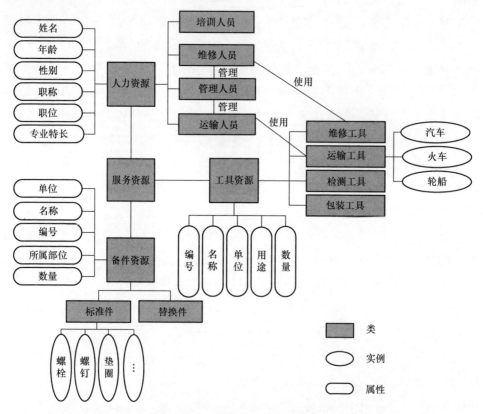

图 4-15　产品服务资源本体示例

产品知识本体可表示为一个五元组 $RK = (C_R, D_R, R_R, I_R, X_R)$。

其中：C_R 表示服务资源知识领域概念，如人力资源、工具资源和备件资源等服务资源本体概念；D_R 为概念 C_R 的一组属性值，例如人力资源概念的姓名、性别、年龄和职称等属性类型的值；R_R 为概念与概念间的"关系"集合；I_R 是概念 C_R 的实例集合，例如运输工具概念的实例有汽车、货车和轮船等；X_R 是公理集合。

概念集合 C_R 可形式化表示为：

C_R ::=<CID，Name，Syn，Abbr，ParentC，ChildC，Description> 分别表示概念标识符、概念名称、同义词、缩略词、父概念、子概念及概念的描述。

概念属性集合 D_p 的形式化表示为：

D_R ::=<DID，Name，CID，RID，Type，Constraint，Default，Description> 分别表示属性标识符、属性名称、概念标识符、关系标识符、属性取值类型、属性的约束、属性默认值和属性的描述。其中，属性可以附属于某一概念，也可以附属于某一关系。

概念间关系 R_R 的形式化表示为：

R_R ::=<RID，Name，FirstCID，SecondCID，Description> 分别表示关系标识符、关系名称、第 1 个概念标识符、第 2 个概念标识符、关系描述。

4.4 服务案例本体

4.4.1 案例知识的重要性

隐性知识的概念自 20 世纪 60 年代由 Polanyi 最早提出后，一直受到很多学者和专家的重视。隐性知识存在于员工个体和企业内各级组织中，难以规范化、难以言明和模仿、不易交流与共享、不易被复制或窃取、尚未编码和显性化，同时还包括通过流动与共享等方式从企业外部有效获取的隐性知识。隐性知识的存在形式难以琢磨，不易识别和描述，它存在于企业的管理者、雇员和客户的头脑中，存在于企业的工作过程和工作环境中，与企业中的人员及工作环境形成依赖关系。而案例就恰恰起到了转移这些隐性知识的桥梁作用。通过案例存储的数据，可以用一种连接情境的方式来解决问题或发现知识，用比较快捷的手段了解到隐含在数据和信息当中的知识，并转化为企业员工所能理解的方式体现出来，促进企业的知识积累和知识创新。运用案例中记载的知识服务于企业的各项管理，从中吸取过去的经验和教训，探寻成功与失败的联系，并将其内在的思想应用到企业的生产和服务中去，会取得比较好的效果。

案例知识是知识中的一个特殊部分，属于隐性知识的一种，是人们在实践活动中不断积累的经验、教训、技巧或方法知识，对解决现在或将来遇到的问题有极大的参考价值。案例知识管理就是要研究如何对案例及蕴涵在其中的丰富知识进行管理和利用,从而能高效、高质量地解决现实中遇到的问题,或者对问题有建设性的建议。案例知识管理是知识管理中的一个重要方面。

服务案例知识是指对服务过程中的服务事件进行记录,经过总结、整理后形成服务案例。另外,本文将服务人员的个人经验作为案例存储起来,服务人员或领域专家可以将个人经验组织成案例进行存储。案例知识能将历史记录中难以规则化的知识和经验隐含在案例中,以案例形式表达,直观、容易理解,能够反映服务事件的总体概貌,有利于服务人员参考。由此可知,服务案例知识表达了服务领域的隐性知识。对服务领域隐性知识的管理是非常重要的,因此服务案例的管理和存储也是服务领域知识管理的重要组成部分。

案例被看作是问题求解状态及求解策略,包含问题初始状态、问题目标状态和求解策略。利用案例进行服务知识管理的优势在于案例是存储显性和隐性知识的有效机制。在不良定义结构中,具体案例是存储和传播无法用语言准确描述的隐性知识的有效方式。而在客户服务过程中产生的大量服务记录中蕴含了丰富的隐性知识,与产品、客户和服务人员等情境有着密切的联系,采用服务案例的方式将其记录和保存下来,选择合适的表达方式和存储方法,可以实现客户服务隐性知识的管理和利用。

4.4.2 案例的表示原则

案例是一种特殊形式的知识,案例表示是知识表示的一种,现有的知识表示方法都可以作为案例表示的参考。所谓知识表示实际上是对知识的一种描述,或者一组约定,一种计算机可以接受的用于描述知识的数据结构。常用的知识表示方法有逻辑模式、产生式系统、框架、语义网络和面向对象等。案例表示方法的设计一般根据所要表示案例的内容及所在领域的特点,并要考虑到案例组织和案例检索的要求。

合理的案例表示方法有助于提高案例检索的精度和速度。一个案例是一个具体问题求解的完整表达,是对具体问题及问题相关的环境、状态、解决方案的描述,是导致一定结果的一组属性集合。案例的表达要遵循一定的规则,形成规范的结构。合理的案例表示方法有助于提高案例检索的精度和速度。

案例可以是各式各样的,可有不同的形状和粒度,可涵盖或大或小的时间片,但其内容总的来说,主要包括3个部分:问题或情境描述(problem)、解决方案(solution)和结果(outcome)。问题或情境描述部分给出案例中要解决

第4章 基于本体的服务领域知识建模

问题的具体描述或发生时的上下文情境，它是案例相似匹配的关键部分；解决方案部分即给出问题解决的具体过程和采用的具体方法、步骤或其他知识，这一部分是案例的主体，包含了大量的隐性或显性的知识，是案例的可重用部分；案例结果给出了问题解决后的最终状态，完全解决、部分改善或是失败。具体系统中案例内容的要求可根据需要取舍，也可以从更细的粒度上进行描述。

CBR（case-based reasoning，基于案例的推理）研究中的案例表示是其首要问题，是案例推理等活动的基础。案例管理系统研究中亦是如此，要实现有效管理，首先必须进行合理的案例表示。案例表示实质上就是对案例所描述问题及案例知识的一种描述和一组约定，是一种可以被计算机接受的用于描述情景和知识的数据结构。对案例进行表示的过程就是把案例编码成一种数据结构的过程。

近年来随着信息技术的高速发展，一些专家团队提出了一些新的案例表示方法。许多研究论文尝试使用 Agent（代理）技术、神经网络和粗糙集等理论方法来开发新的案例表示方法。结构性良好的案例表示，无法灵活地表示出案例中隐含的大量专家经验性知识，非结构化方法虽然保持了案例知识的完整性，但这类案例知识没有特别的模板，因而很难进行管理和批量处理。

案例是对经验或知识的诠释，案例的知识表示主要是用一定的数据结构来描述案例的特征及案例之间的关系，它的表示方法种类很多，通常可采用脚本语言、框架、语义网络、面向对象和基于特征等方法。上述方法有各自的优势，但是随着 CBR 技术的不断发展，这些案例表示方法由于缺乏可扩展性、不能表达复杂的特征属性类型和信息难以实现共享，已经不能很好地满足 CBR 研究与应用的需要。

案例表示设计首先是要反映领域经验知识的特点，然后根据解决案例问题的需求确定要表示的关键知识或信息，最后根据各种信息在案例知识重用过程中的作用，设计案例相关知识和信息的组织方式，形成案例表示模型。案例表示模型的最终形态是能反映领域经验知识特征的一种数据结构。案例结构的设计过程一般遵循以下原则要求进行：

1）要能正确地、完整地、有效地表示出求解问题所需的知识，尽可能地扩大表示范围并尽可能提高表示效率。

2）所表示的案例应该模块清晰，易于理解，易读易懂。

3）便于检索，案例结构应该支持对案例库的高效检索。

4）便于维护和推理，案例结构应该灵活自然，便于日后更新、维护及案例结构的扩展，并能很好地实现推理。

这4条原则，前两条实际上要求案例表示方法要尽量清晰自然、完整全面，并易于人和机器理解；后两条则要求表示出来的案例能方便重复利用和推理，既能高效使用又能灵活扩展。显然这是互相制约的，案例表示方法的选择实质上是在"清晰自然"和"使用高效"之间选择一个折中点，既要很好地展示案例知识，保证知识的完整性及应用性，又要具备良好的结构化以满足案例检索推理的需要，方便案例库的组织。

4.4.3 基于本体的案例表示

由于本体具有通用性、规范性和独立性的特点，加之它良好的概念层次结构和对逻辑推理的支持，所以以本体表达的知识可以共享和重用，非常符合CBR研究与应用的需要。与传统案例的知识表示方法相比，基于本体的案例表示方法具有如下优点：

1）知识的可扩展性。本体采用扩展的标记语言技术来实现知识的表示，以文档来存储本体和案例，比其他的案例库组织结构方式更自然，结构也更清晰。

2）问题与解决方法的独立性。以本体方式构建的案例库能够支持层次间的灵活配置，便于案例库的复用与相应应用系统的组件化开发。

3）由于本体在知识表示上具有粗粒度的特点，所以能有效支持异质知识的共享。

基于上述认识，本节将本体应用于客户服务的案例表示，研究了基于本体的服务案例表示方法。

案例表示是案例推理的数据基础，是将现实中的故障案例抽象与综合得到的一种故障领域知识的表示形式。主要包括如下三类信息：问题描述、服务方案和结果反馈。

具体描述如下：

1）问题描述：服务发生时产品的特征或现象，可以包括服务原因，服务发生的前提条件、特征属性、服务的产品或零部件等。

2）服务方案：是关于服务类型、服务内容和解释，以及所需要的资源，例如对人力和工具的描述。

3) 结果反馈：是对服务方案的结果的评价、反馈和建议，包括评价、建议和补充说明等。

考虑到服务案例的设计不仅要为推理过程提供完整的问题描述、服务方案和结果反馈，在选择服务方案时，利用案例推理时比较重要的是提供问题描述与服务方案之间的因果描述，这种因果描述可以归结为领域知识。以上述分析为依据，结合客户服务工作要求，本文确定服务案例的4个主要内容为：问题描述、服务方案、结果反馈和领域知识。

本文认为一条服务记录是对客户进行一次服务过程的完整记录，将其归纳和整理为一个服务案例，是对本次服务的内容和问题求解的完整表达，是对具体问题及问题相关的环境、状态、资源和解决方案的描述，它主要包括以下几方面的信息：

1) 问题描述。产品故障发生时系统所表现的征兆，包括服务类型，服务原因服务发生的前提条件、特征属性、产品和部件等。

2) 服务方案。是对问题所采取的服务方法，包括需求、人力、工具资源、备注等。

3) 结果反馈。是对服务方案的结果评价及反馈建议，包括评价、建议和补充说明等。

4) 领域知识。是具体研究分析的领域，在这里指产品服务领域。

目前对本体的描述多采用六元组本体表示方法，本文借鉴前人研究结果介绍的四元素法和六元素法，结合本体表示方法，本文定义服务案例本体（service case ontology，SCO）为一个五元组，形式化定义如下：

定义 4.1 $SCO::=(Cs, Rs, Fs, As, Is)$。

其中：Cs 是服务概念集；Rs 是服务关系集；Fs 是服务函数集；As 是服务公理集；Is 是服务实例集。

Cs 用来描述服务案例及相关知识。考虑到服务案例的综合性和复杂性，将案例表示为不同任务、方法、反馈和领域知识组成的集合。

Cs 可采用四元组形式化表示为：

$Cs::=(Problem, Solution, Feedback, DomainOntology)$

那么概念集 Cs 可视为表示服务的特征描述、解决方案、反馈结果和所需领域知识的集合。

$Rs = \{(ro, rd) \mid ro$ 为两个概念间的关系,rd 为概念与数据类型之间的关系$\}$。其中:

$ro := \{hasProblem, hasSolution, hasFeedback, hasPost, hasPre, hasPort, isPortOf\}$；

$rd := \{caseNumber, createDate, evaluateValue, featureName, featureValue, ...\}$。

hasProblem 描述了案例与服务描述之间的关系；hasSolution 描述了案例与解决方案之间的关系；hasFeedback 描述了解决方案与反馈结果之间的关系；hasPost 与 hasPre 分别为案例解决前所需的领域知识和解决后所需的领域知识的集合；hasPort 与 isPortOf 描述的是部分与整体之间的关系；rd 描述的分别是案例号、创建时间、评估值、特征名称和特征值等。

Fs 描述的是一种特殊的关系，是一个推理过程。

Fs 的形式化表述为：

$$Fs := \{preFs, resFs\}$$

其中：$preFs$ 是 n 个概念元素的集合；$resFs$ 是由这 n 个概念元素推理出的结果。

$As := \{a \mid a$ 是 SCO 中关于 Cs 和 Rs 的约束$\}$，是维修经验概念模型的明确的形式化规范说明。

$Is := \{i \mid i$ 代表每个元素$\}$，表示特定的案例对象。如：案例号为 K5403080212 的案例。

4.4.4 服务案例本体的结构

根据上文对服务案例的定义，对服务案例的顶层本体定义如下：

定义 4.2　服务案例本体顶层概念包括：案例标识、产品本体、客户本体、情景描述、服务类型、服务方案、服务资源本体和反馈结果 8 个维度。

因此，服务案例本体的顶层结构如图 4-16 所示。

其中，案例标识是每个案例的编号，用于标明案例；产品本体表示案例中相关的产品，可以应用上文所定义的产品结构本体；客户本体表示本次案例中对应的客户，表示了客户的相关属性特点，同样可以采用上文所定义的客户本体进行细化；情景描述指对服务案例中产品的现象、状态等服务的情境描述；服务类型包括：技术支持、送货、安装、保养维修和投诉建议等不同的服务类

第4章 基于本体的服务领域知识建模

型；服务方案指针对不同的客户、产品和服务类型所提供的具体的服务内容和方法，指采用了何种服务方式，主要描述了服务的具体内容；服务资源本体指在服务过程中所用到的服务资源，具体可以参照上文所建立的服务资源本体；反馈结果指针对本次服务方案的结果评价及反馈建议，可以包括客户的评价、建议及服务人员的补充说明等信息。

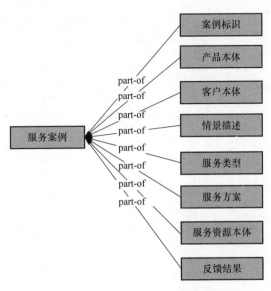

图 4-16 服务案例本体的顶层结构

通过这 8 个顶层本体概念可以将服务案例从问题情境（包括相关的产品和客户）、服务方案（包括服务资源的利用）和反馈结果 3 个方面描述清楚。将顶层本体进一步分解，获得服务案例的本体结构层次如图 4-17 所示。

其中，案例标识中包括了一些基本案例标识属性，例如案例编号、案例名称和创建时间等信息；服务案例中的产品本体比较关注产品状态属性；服务案例中的客户本体较为关注客户类型、客户需求和客户行为等信息；服务资源本体的相关知识就按照前文所建立的服务资源类型进行扩展；服务案例中对案例描述的一个信息是服务类型，例如技术支持、人员培训、维修和保养等服务类型；服务方案描述了本次服务的具体服务情况；情景描述是对提供服务时的产品现象、外界条件、原因和特征等的描述，对应案例表达中的问题描述部分；

最后是反馈结果。

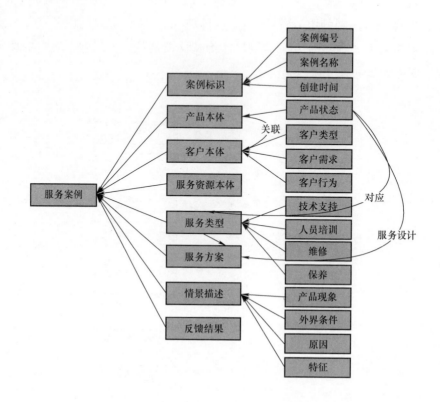

图 4-17 服务案例本体结构层次

4.4.5 服务案例本体的关系描述

概念之间的作用通过关系来表示,关系可以对概念的外延进行有限的扩展。从语义上讲,本体的 4 种基本关系,即 part-of、kind-of、instance-of、attribute-of 在服务案例本体的描述中仍然是适用的。

part-of 表达概念之间部分与整体的关系,服务案例中的各部分与服务案例之间就是这种关系;kind-of 表达了父子关系之间的继承关系,子类可以继承父类的所有属性,也可以拥有自己的属性;instance-of 表达概念的实例和概念之间的关系;attribute-of 表达某个概念是另外一个概念的属性。

这 4 种关系在服务案例本体中依然存在。参考任罡等[58]建立的故障知识本体,结合售后服务案例的实际情况,服务案例本体还存在如下的关系:

1）产品与客户在某个具体的服务案例中的关系称为"关联"关系（relevance-of）。

2）产品的状态和服务情境的描述与服务方案之间的关系称为"对应"关系（causation-of），表示案例的情景描述与服务方案之间的联系。

3）针对产品的状态和服务类型所采用的服务方案称为"服务设计"（service-design）。该关系包括对服务方案的制定方法和使用的服务资源等。

综合前文所分析的服务案例本体关系，结合本体所固有的4种关系，本文定义了服务案例本体的属性关系见表4-5。在描述关系的类型时，使用了关系属性（object property）和数据属性（datatype property），前者描述两个类之间的关系，也可以描述某个类所拥有的数据属性，后者仅仅描述某个类所拥有的数据属性。domain 和 range 分别表示属性的应用领域及属性的取值类型和范围。

表 4-5 服务案例本体的属性关系

编号	属性名称	描述	类型	domain	range
1	has	类 A 拥有类 B	object property	OWL：thing	string
2	part-of	类 A 是类 B 的一部分	object property	OWL：thing	string
3	is-a	类 A 是类 B 的一类	object property	OWL：thing	string
4	relevance-of	类 A 相关类 B	object property	OWL：thing	string
5	causation-of	类 A 对应类 B	object property	OWL：thing	string
6	has-value	类 A 拥有值 B	object property	OWL：thing	string
7	instance-of	类 A 是类 B 的一个实例	object property	OWL：thing	string
8	service-design	类 A 是类 B 服务设计结果	object property	task	string

4.5 服务领域知识的体系结构和实现

4.5.1 服务领域知识的体系结构

对产品、客户、服务资源的本体定义和扩展可建立起层次化结构的领域知识体系，形成知识积累的基础结构；对于制造工艺和组织机构等企业现有格式化信息则可直接引入，对于服务手册这类显性知识等现有的服务知识进行规范化处理和表达。通过案例本体建立起与各领域知识及基础数据的相互关联，采用语义规则反映实际应用中的逻辑关系，构成便于知识共享和应用的体系结构。服务领域知识的体系结构如图4-18所示。

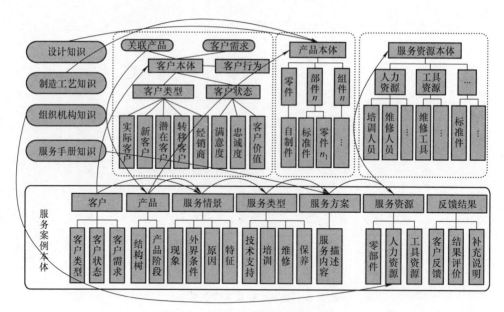

图 4-18 服务领域知识的体系结构

案例知识和领域知识构成客户服务领域层次化知识体系,案例知识中的客户和产品类可以直接调用上层的产品和客户本体,服务方案可以根据服务手册的相关知识制定,客户和产品的信息集合说明了服务情景,而服务情境的描述决定了服务的类型,不同的服务类型和服务手册可以得到不同的服务内容,运用不同的服务资源;组织机构知识、设计和制造工艺知识不但可满足不同领域知识的规范化、专业化要求,而且可为案例知识提供良好的可扩展性。其中,领域知识以描述知识的泛化关系,实现对知识的规范化及结构化描述为目标;案例知识则以建立案例与各领域知识关系为目标,通过建立案例本体与领域知识本体间的使用和聚集等关系,实现案例与领域知识的有机结合,为客户服务知识的应用和共享奠定了坚实基础。

4.5.2 基于 Protégé 的本体构建

目前编辑和生成本体的开发工具有很多,Protégé 是斯坦福大学开发的一个利用本体知识来构建领域模型和本体应用程序的平台。

Protégé 采用图形化界面,以树形的层次目录结构显示概念。可点击相应图标来增加、删除或编辑类、子类、属性和实例等,使用户能够在概念层次上设计领域模型,不需了解具体的描述语言。

第4章 基于本体的服务领域知识建模

Protégé 具有可扩展的结构，可根据需要添加功能模块，支持用户根据需要自行定制如何去支持特定领域下的知识模型的创建和数据输入；也可以通过插件来扩展功能，允许用户开发自己的插件。目前，已经有一系列的图形插件用于访问和显示知识库。Protégé 本体构建的示例如图 4-19 所示，利用图形控件生成的本体模型如图 4-20 所示（因篇幅所限，本文只截取了部分）。

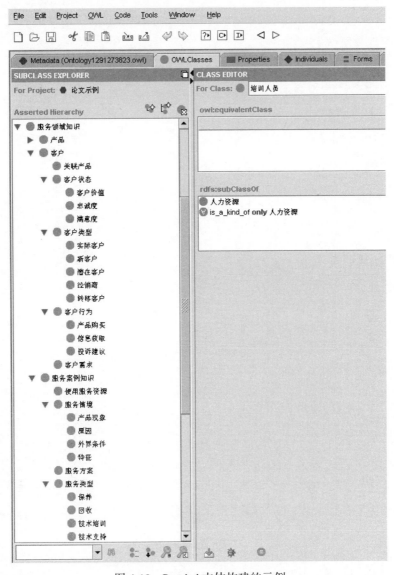

图 4-19　Protégé 本体构建的示例

113

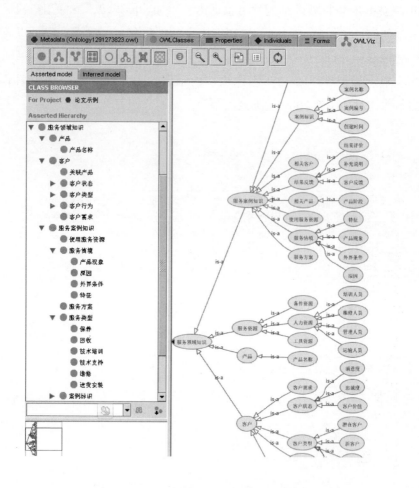

图 4-20　利用图形控件生成的本体模型

4.5.3　形式化编码示例

良好的图形界面可以让我们准确地理解领域概念及概念间的关系，但是要让计算机也可以理解这些领域概念关系，就必须对这些概念进行形式化编码。本文在采用 Protégé 软件进行本体构建之初，即选择了 OWL Full 描述本体，完成后的本体文件以 OWL 为后缀的文件格式保存，便于实现系统外的本体共享和编辑。

一个 OWL 本体是以语句：<owl:Ontology rdf:about=" "/> 声明开始的。本文对大众汽车产品的本体建模和实例创建所得的 OWL 文档如下所示：

```xml
<?xml version="1.0"?>
<rdf:RDF xmlns="http://www.owl-ontologies.com/Ontology1292503359.owl#"
    xml:base="http://www.owl-ontologies.com/Ontology1292503359.owl"
    xmlns:rdfs="http://www.w3.org/2000/01/rdf-schema#"
    xmlns:swrl="http://www.w3.org/2003/11/swrl#"
    xmlns:protege="http://protege.stanford.edu/plugins/owl/protege#"
    xmlns:xsp="http://www.owl-ontologies.com/2005/08/07/xsp.owl#"
    xmlns:owl="http://www.w3.org/2002/07/owl#"
    xmlns:xsd="http://www.w3.org/2001/XMLSchema#"
    xmlns:swrlb="http://www.w3.org/2003/11/swrlb#"
    xmlns:rdf="http://www.w3.org/1999/02/22-rdf-syntax-ns#">
<owl:Ontology rdf:about=""/>
<owl:Class rdf:ID=" 奥迪 ">
    <rdfs:subClassOf rdf:resource="# 产品 "/>
</owl:Class>
<owl:Class rdf:ID=" 奥迪 _A4">
    <rdfs:subClassOf rdf:resource="# 奥迪 "/>
</owl:Class>
<owl:Class rdf:ID=" 奥迪 _A8">
    <rdfs:subClassOf rdf:resource="# 奥迪 "/>
</owl:Class>
<owl:Class rdf:ID=" 宝来 ">
    <rdfs:subClassOf rdf:resource="# 产品 "/>
</owl:Class>
<owl:DatatypeProperty rdf:ID=" 行李箱容量 ">
    <rdfs:domain rdf:resource="# 产品 "/>
</owl:DatatypeProperty>
< 变速箱 rdf:ID=" 五档手动 "/>
<owl:DatatypeProperty rdf:ID=" 油箱容量 ">
    <rdfs:domain rdf:resource="# 产品 "/>
    <rdfs:range rdf:resource="http://www.w3.org/2001/XMLSchema#int"/>
```

```
        </owl:DatatypeProperty>
        <owl:ObjectProperty rdf:ID=" 变速箱 ">
            <rdfs:domain rdf:resource="# 产品 "/>
        </owl:ObjectProperty>
        <owl:Class rdf:ID=" 变速箱 "/>
        <owl:Class rdf:ID=" 高尔夫 ">
            <rdfs:subClassOf rdf:resource="# 产品 "/>
        </owl:Class>
        <Golf rdf:ID=" 高尔夫 _1.4T_AT">
            < 行李箱容量
rdf:datatype="http://www.w3.org/2001/XMLSchema#string">450</ 行李箱容量 >
            < 邮箱容量
rdf:datatype="http://www.w3.org/2001/XMLSchema#int">0</ 邮箱容量 >
            < 变速箱 rdf:resource="#tiptronic_ 六档手自一体 "/>
            < 长 * 宽 * 高
rdf:datatype="http://www.w3.org/2001/XMLSchema#string"></ 长 * 宽 * 高 >
            < 扭矩 rdf:datatype="http://www.w3.org/2001/XMLSchema#string"></ 扭矩 >
            < 轴距 rdf:datatype="http://www.w3.org/2001/XMLSchema#string"></ 轴距 >
        </ 高尔夫 >
        < 高尔夫 rdf:ID=" 高尔夫 _1.4T_MT"/>
        < 高尔夫 rdf:ID=" 高尔夫 _1.6L_AT"/>
        < 高尔夫 rdf:ID=" 高尔夫 _1.6L_MT"/>
        <owl:Class rdf:ID=" 捷达 ">
            <rdfs:subClassOf rdf:resource="# 产品 />
        </owl:Class>
        <owl:DatatypeProperty rdf:ID=" 长 * 宽 * 高 ">
            <rdfs:domain rdf:resource="# 产品 "/>
        </owl:DatatypeProperty>
        <owl:Class rdf:ID=" 迈腾 ">
            <rdfs:subClassOf rdf:resource="# 产品 "/>
        </owl:Class>
```

```
<owl:Class rdf:ID=" 产品 "/>
<owl:Class rdf:ID=" 速腾 ">
    <rdfs:subClassOf rdf:resource="# 产品 "/>
</owl:Class>
< 变速箱 rdf:ID="tiptronic_ 六档手自一体 "/>
<owl:DatatypeProperty rdf:ID=" 扭矩 ">
    <rdfs:domain rdf:resource="# 产品 "/>
</owl:DatatypeProperty>
<owl:DatatypeProperty rdf:ID=" 轴距 ">
    <rdfs:domain rdf:resource="# 产品 "/>
</owl:DatatypeProperty>
</rdf:RDF>
```

第 5 章
基于本体的服务知识检索

在现实产品服务过程中，存在着许多非常近似的服务，需要用到的技术和知识也几乎一样，这就需要对服务知识和服务案例进行检索，以帮助服务人员回忆所需的知识和技术，或者提供所需的服务知识。这一点对经验不足的服务人员更为重要，服务知识检索能够帮助服务人员在产品全生命周期服务过程中提供知识和技术支持，有效提高服务的效率和质量。

由于目前对产品服务过程缺少有效的支持，使服务人员只能依靠自己有限的服务知识，而不知道已经有相似服务案例的存在，没有形成对历史知识的积累和重用。有效的服务知识检索方法能够使服务人员获得相同或相似的服务知识资源。本章在上一章基于本体的服务领域知识建模的基础上，进一步研究了基于本体知识库的各种知识检索策略及其相关的实现技术。

5.1 基于本体的知识检索

知识检索是为了适应知识组织的发展趋势，以解决信息检索机制检索效率低下的弊端而提出的一种新的检索理念。知识检索是指在知识组织的基础上，从知识库中检索出知识的过程，是一种基于知识组织体系，在知识处理技术和知识组织技术的支持下，能够实现知识关联和概念语义检索的智能化检索方式。

在现实产品服务过程中，存在着许多非常近似的服务活动和产品故障现象，而服务人员的记忆非常有限，没有服务案例知识检索系统的帮助要回忆起所有相关的产品服务知识，往往是十分困难的。这一点对客户服务人员非常重要，服务知识的检索能够帮助服务人员在为客户提供产品服务的过程中快速参考服务知识，或者从相似的案例中获得有效的服务知识，为客户制定高效的服务方案,提供正确的服务。

5.1.1 本体在知识检索中的应用

知识检索是一种全新的信息检索方式,是在现有的信息检索技术(如关键词检索)的基础上发展而来的。知识检索和信息检索的不同在于知识检索强调了语义,它从文章的语义和概念出发,能够揭示文章的内在含义,而不像信息检索只是基于字面的机械匹配。知识检索提高了查全率和查准率,减轻了用户的负担。目前的信息检索方法主要是基于关键词。这种方法首先让用户以关键词的形式提出检索请求,然后将用户提交的关键词与文档库中的文档进行匹配,最后将那些出现了用户所提交的关键词的文档作为检索结果返回给用户。

知识检索的概念目前尚无定论,有专家认为知识检索是为了适应知识组织的发展趋势,以解决信息检索机制检索效率低下的弊端而提出的一种新的检索理念。知识检索是指在知识组织知识库中检索出知识的过程,是一种基于知识组织体系,能够实现知识关联和概念语义检索的智能化检索方式。另外一些专家则认为它是一种综合应用信息科学、人工智能、认知科学及语言学等多学科的先进理论,融合知识处理和多媒体信息处理等多种方法与技术,基于知识和知识组织,充分表达和优化用户需求,高效存取所有媒体类型的知识源,并能准确精选用户需要的结果的高级信息检索方法。

知识检索与信息检索的不同在于知识检索强调了语义,而信息检索只是基于字面的机械匹配,知识检索从语义和概念出发,能够揭示检索对象的内在含义。知识检索是根据用户的需求找出相关信息和知识的过程。现有知识库检索技术研究可归结为三类:

1. 基于知识属性匹配的查询方式

包括基于关键词的模糊匹配、基于内容的全文检索及其组合条件查询的模式。但这种方式较为简单,仅能支持情境特征的模糊匹配或者组合匹配,不能体现情境特征和结构特征在匹配中的作用。

2. 基于形式化逻辑关系的推理方式

强调建立知识关系的形式化描述,并采用形式化逻辑进行查询需求的分析,如基于本体关系的推理和基于知识规则的推理等。为了实现基于形式化逻辑关系的推理,需要建立完备的知识规则集。这种方法的使用复杂度较高,知识规则完备性难以保证,较难达到实用的程度。

3. 基于案例的推理模式

基于案例的推理（case based reasoning，CBR）是人工智能中的一项重要推理技术，它的核心思想为：在求解问题时，人们可以使用以前对该类问题的求解经验（即案例）来进行推理。CBR 方法研究的核心是案例的表示及其相似性评估，基于情境树相似性的知识检索从一定角度上可归属于 CBR。因此，这一部分的核心思想是利用情境的相似性来评估当前项目与以往项目案例的相似性。

本体是领域知识规范的抽象和描述，可以构造丰富的概念间的语义关系，能够准确描述概念含义及概念之间的内在关联；形式化能力最强，同时具有高度的知识推理能力，能通过逻辑推理获取概念之间的蕴涵关系。因此，本体是一种知识组织体系。以本体作为知识组织的技术和方法，能实现基于语义的知识检索。由于本体具有良好的概念层次结构和对逻辑推理的支持，它提出了对特定领域知识的共同理解，抽象出该领域内共同认可的词（概念），并给这些概念及它们之间的相互关系明确定义。基于本体的知识建模使系统对领域内的概念、概念之间的联系及领域内的基本公理知识有一个统一的认识，系统通过分析用户提出的查询中所包含的词的语义，理解用户的查询，并准确地映射到信息资源，从而提高了信息检索系统的查全率和查准率。知识检索是传统信息检索的发展，随着人工智能、系统信息管理等相关技术的运用，提供个性化、智能化的主动信息服务也将是知识检索的发展方向。

5.1.2　本体知识检索模型

基于本体的知识检索模型可以简述为：在领域知识本体建模的基础上，获得了基于该领域的本体模型，得到了领域本体的 OWL 文件，每个本体都由概念、实例和属性组成，而用户通过用户界面输入检索词，经过语义扩展输入检索器，经过所定义的对应的检索算法对属性进行相似度计算，从而获得知识的相似度值，根据所设置的阈值确定返回结果给用户。基于本体的知识检索模型如图 5-1 所示。

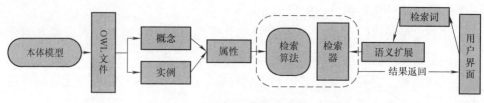

图 5-1　基于本体的知识检索模型

现有的基于领域本体的概念之间相似度计算模型有以下 3 种：基于距离的语义相似度计算模型；基于内容的语义相似度计算模型；基于属性的语义相似度计算模型。

1. 基于距离的语义相似度计算模型

该计算模型的基本思想是把概念之间的语义距离用两个概念在层次网络中的几何距离来量化。最简单的一种计算方法就是把网络中的所有有向边的距离都看成同等重要，都看成 1。这样两个概念间的距离就等于这两个概念对应的节点在层次网络中的构成最短距离的有向边数量。该计算模型可以简单地反映出如果两个概念之间的距离越远，它们之间的语义相似度就越小，反之则越大。

2. 基于内容的语义相似度计算模型

基于内容的语义相似度计算模型的基本原理是：如果两个概念共享的信息越多，它们之间的语义相似度也就越大，反之则越小。在层次网络中，每一个概念都可以认为是对它的祖先节点的细化，因此可以近似理解为每一个子节点包含它所有祖先节点的信息内容。这样，两个概念的语义相似度就可以用其最近共同祖先节点的信息内容来衡量。

3. 基于属性的语义相似度计算模型

在现实世界中，人们在区别和联系不同事物的过程中一般都通过比较事务之间具有的属性。如果两个事物有很多属性相同，则说明这两个事物很相似；反之，则两个事物的相似度低。因此，基于属性的语义相似度计算模型的基本原理就是通过判断两个概念对应的属性集的相似程度。

4. 3 种语义相似度计算模型的比较

3 种语义相似度计算模型分别从 3 个不同的分析角度来量化概念之间的语义相似度：

1）基于距离的语义相似度计算模型简单、直观，但它非常依赖预先计算好的概念层次网络，网络的结构直接影响到语义相似度的计算。

2）基于内容的语义相似度计算模型在理论上更有说服力，因为在计算概念之间语义相似度的时候，充分利用了信息理论和概率统计理论的相关知识。但是这种方法不能更细致地区分层次网络中各个概念之间语义相似度的值。

3）基于属性的语义相似度计算模型可以很好地模拟人们平时对现实世界中事物之间的认识和辨别，但要求对客观事物的每一属性进行详细和全面的描述。

因此，本文在后续的知识检索过程中将采用基于属性的语义相似度计算模型，通过属性值来计算概念或者实例的相似度，根据相似度的排序得到检索结果。

5.2 基于知识情境的服务知识检索模型

基于本体的服务知识检索主要应用在客户服务过程中，根据产品和所属的阶段，检索出相应的服务知识，以帮助企业为客户提供服务。而本体知识库中有领域知识和案例知识两类，因此，在服务知识的检索过程中，需要将语义检索和案例检索结合起来，满足不同类型的知识检索要求。由于知识的重用和共享都是基于一定的知识情境，只有知识情境具有一定的相似性，所使用的知识才能具有一定的可重用性。因此，本文引入了知识情境理论，基于情境相似的思想建立情境树，然后通过语义检索和案例检索相结合对服务知识进行检索。在此模型中，不仅要关注传统检索中的关键词相似度，即用户的服务知识本体与检索结果之间的匹配程度，而且需要对用户服务知识情境进行匹配。

5.2.1 知识情境的概念

知识情境是知识产生和应用的具体背景和环境，简称情境。情境在知识管理中发挥着重要作用，它有利于知识管理与业务过程之间的集成，便于知识的组织，促进人们对知识的理解和知识价值的判断，有利于知识共享与重用，是减少知识过载的重要手段和方法。在知识管理中，情境是与知识及知识活动等相关的条件、背景和环境等，它刻画了与知识及知识活动等相关的情形特征。这些情形特征是区分、识别不同知识和知识活动的重要因素。

知识的有效性总是基于特定时间、场景和主体，Kakabadse 将这些时间和场景定义为"情境"，即知识发现和重用等过程面临的环境。Despres 认为，如果脱离有关情境，那所有知识将失去意义。Thompson 也指出，情境是知识管理不可分割的一部分，必须通过情境来定义并重用知识。从工程知识的复用角度来说，情境是知识创新和复用所处的特定环境和背景。人们之所以需要并且能够共享和复用已有的知识，关键在于当前的问题情境与以往知识情境具有一致性或相似性。因此，有必要将情境作为知识得以共享和复用的重要基础。

情境泛指与知识创新和知识复用活动等相关的条件、背景和环境等因素。

情境既包括相关的项目、组织、领域等外部环境和背景因素，也包括知识主体的认知、经验、心理等内部因素，它刻画了与知识及知识活动相关的特征，涉及多方面的要素。如何更好地描述各方面的情境要素，指导面向情境的知识建模，提高知识的可管理性，是情境应用的基础问题。为此，郭树行等提出采用分层的节点情境树表示方法，建立情境树表示模型。祝锡永、潘旭伟等[60]提出，知识情境是与知识及知识活动等相关的条件、背景和环境因素，也包括知识主体的认知、经验、心理等内部因素，刻画了与知识及知识活动相关的情形特征，并构建了包括目标、过程、资源、产品、组织、人员、领域、时间和地点8个情境维度。

在服务过程中，进行服务知识检索也是基于同类产品或同一产品，在相同的阶段或者相同的情况下所需要的服务知识基本相同，才能实现服务知识的共享和重用，这与情境树基于相同情境进行相同知识的检索思想是一致的。因此，本文将情境树相似算法的思想应用到服务过程中的服务知识检索，将情境作为服务知识重用的重要基础。

5.2.2 知识情境检索模型

经过分析知识情境理论和概念，本文提出了基于情境树的服务知识检索模型。首先根据需求情境构造知识情境树，随之利用情境树的相似来实现服务知识的快速检索，如图 5-2 所示，主要有以下 3 个步骤：

1）构造情境树。在构造情境树阶段，根据服务知识的检索背景，以及用户设定的检索条件，构造出多维的情境树，其实情境树的每个维度都是一个关键词，从不同的角度对知识的检索做出了限定。

2）服务知识情境匹配。服务知识情境匹配阶段是根据所构造的情境树，利用树形图的相似度算法进行服务知识的检索。在检索的过程中，将检索情境树的节点和服务知识进行匹配，根据所匹配结果的相似度排序，设定合理阈值，将相似度大于阈值的服务知识作为知识结果选出。

3）在情境匹配结果集中，根据用户给出的服务知识检索词进行知识检索，最终产生检索结果呈现给用户。

在本文的研究中，语义相似度指历史情境与问题情境的相似度。因此，在图 5-2 的检索模型中，首先根据用户的需求，得到需求情境，构造情境树，从产品和客户两个分支进行情境树构造，然后从得到的产品和客户关键词检索服务知识库获得预检索结果；在预检索结果中，根据输入的检索关键词，利用本体相似度算法得到检索结果，按照相似度排序呈现给用户。

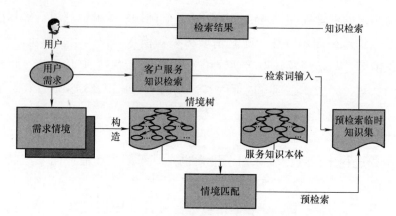

图 5-2　基于情境树的服务知识检索模型

情境相似度的比较是情境匹配的过程。情境匹配是由需求情境与服务知识库中的知识模型之间的相似性做出判断。本文所采用的方法是将所获取的情境模型转化为树形结构，对树形结构分别计算子节点的相似度，最后得到根节点的相似度就是情境之间的相似度。相似度是刻画事物 α 与 β 的相似程度，记为 $S(\alpha,\beta), S \in [0,1]$。当 $S=0$ 时，表示 α 与 β 没有任何相似之处，是完全不同的；当 $S=1$ 时，表示 α 与 β 是完全相同的；当 $S \in (0,1)$ 时，表示 α 与 β 有一定的相似度，S 值越大，表示相似程度越大。

5.2.3　情境树的构造

从上文的研究可以看出，要计算情境相似度，必须首先构造情境树。因此，接下来就研究情境树的构造。

一般而言，从多个情境维度对情境进行描述，每个情境维度包含若干情境要素或属性。例如，对于需求工程知识而言，可考虑的主要维度（但不限于这些维度）有项目特征、知识效用、组织特征和过程特征等。其次，每个情境维度包含的信息是多样化的，如果对所有情境要素采用等同的处理方式，则在情境的识别获取和情境树相似性评估等过程中就需要同时处理大量信息。而在通常情况下，某些知识的情境维度信息可能需要进行细化，而另一些可能就不需要，情境要素和属性也同样如此。

为了将知识情境用树形结构表达，定义了情境树、情境维度和情境项3个概念。

情境树：一种描述知识情境的树型结构，拥有一个描述知识整体情境的根节点、多个描述情境维度的中间节点和多个刻画情境属性的叶子节点。

情境维度：对知识情境的多层次划分，反映知识情境的不同方面。

情境项：是知识情境中不可再细分的情境维度，描述知识情境具体的信息和知识。

知识情境与树形结构的对应关系见表5-1。

表5-1 知识情境与树形结构的对应关系

层次	情境树	知识情境
1	根节点	整体情境
2	第1层节点	情境维度
...	...	...
N	叶子节点	情境项

本文的本体库主要包括客户本体、产品本体及服务案例本体。客户本体中的术语包含了客户的基本特征和客户的价值特征方面的部分术语；产品本体包含了产品的基本特征方面的部分术语。

本文根据检索服务知识的情境，构造了服务知识需求情境树，主要从产品和客户两个维度展开。利用分层的组织方法进行描述，这样使得知识情境描述具有良好的扩展性和适应性。对产品和客户两个维度的情境可以继续分层表示，最后组成一个树状图。

可以将情境树定义为三元组

$$ST=(R, V, L) \tag{5-1}$$

式中，R为知识情境的根节点，描述情境的基本信息，通常作为情境的入口，也就是服务知识需求的情境描述；V为情境节点集，是情境树中除根节点以外的其他所有节点的集合，描述情境的具体信息；L为节点之间的关系集。

节点的维度是以该节点的子节点为根的子树，节点的维度数等于它所包含子节点的数目，即以V中任一节点v为根的树构成v的父节点的一个维度；情境根节点的维度称为情境的维度。因此，每一个服务知识情境对应一个情境树。

假设知识产生和应用过程中可能出现的所有元素的集合为 E，这些元素之间存在的各种关系的集合为 RL，则集合 E 中若干元素及 RL 中对应这些元素之间的关系共同构成的一个有序序列称为路径，起始元素称为路径的根，具有相同根的所有路径构成维度，描述情境的某个角度或方向。知识情境就是所有可能的维度下的若干路径的集合。将要解决的问题所在情境称为问题情境，已经存在的情境称为历史情境。

图 5-3 所示为服务知识需求的情境树示例，服务知识需求为情境树的根节点，包含两个维度：产品维度和客户维度；产品维度又由其他一些产品相关信息构成，客户维度的其余节点表示与客户相关的具体情境知识，根据情境的变化而变化。

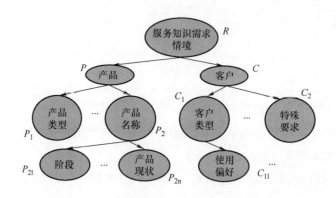

图 5-3　服务知识需求的情境树示例

图 5-3 所示的服务需求情境树可以这样来描述：

$ST= (R, (P, C, P_1, P_2, P_{21}, \cdots, P_{2n}, C_1, C_2, C_{11}\cdots), (P, P_1), (P, P_2), (P_2, P_{21}), (P_2, P_{22}), (C, C_1), (C, C_2)$ 和 $(C_1, C_{11}))$。

其中：R 为树形根节点，代表整个服务知识需求情境；$V=(P, C, P_1, P_2, P_{21}, \cdots, P_{2n}, C_1, C_2, C_{11}\cdots)$，表示除了根节点之外的所有节点集合；$L$ 为节点之间的关系集合，包括 $(P, P_1), (P, P_2), (P_2, P_{21}), (P_2, P_{22}), (C, C_1), (C, C_2)$ 和 (C_1, C_{11})。

从图 5-3 中可以看出，服务需求情景根节点 R 有两个子树 P 和 C，分别代表了产品和客户两个维度；而产品节点 P 和客户节点 C 又拥有自己的属性和情境项，也就是下一层节点或者叶子节点。

5.3 基于情境树的服务知识检索算法

5.3.1 服务知识检索流程

根据以上基于情境树的知识检索原理分析，结合本体知识检索的流程，本文得出了基于情境树的服务知识检索流程，如图 5-4 所示。

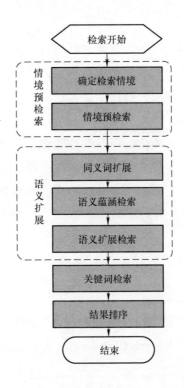

图 5-4 基于情境树的服务知识检索流程

具体检索流程如下：

第 1 阶段：由检索情境确定情境树，进行情境预检索。

1）对于用户给定的检索需求，根据检索情景确定产品和客户两个维度的情景参数。

2）构造二维度的情景树，对服务知识进行情境预检索。

第 2 阶段：服务知识的语义扩展。

1）根据上一阶段的服务知识检索参数，根据本体知识库中知识之间的联系进行检索扩展。包括同义词扩展，上位扩展和下位扩展 3 个维度。

2）对检索参数的每一个属性值，在服务知识库中进行相似度计算。

3）根据设定相似度门槛值选取相似设计知识，并进行排序。

4）显示相关知识。

5.3.2 情境扩展

情境扩展指在知识检索之前，首先根据所针对的客户特征、产品类型和产品名称等信息确定服务知识需求的情境，构成需求情境。根据前文的研究，情境主要指产品和客户两个方面的特征信息，情境树的构造也从产品和客户两个维度展开。

因此，本文将情境扩展细化为产品名称和客户类型两个关键词。根据当前服务知识需求情境，确定客户类型、产品名称、产品类型和产品现状等特征信息，如果无法确定可以不做考虑，将前面所确定的服务知识需求特征作为关键词在正式检索之前输入，进行关键词预检索，这一过程称为情境扩展。

5.3.3 语义扩展

1. 同义词扩展

同义词是名称不同但表达同一事物的词条，例如"客服"和"客户服务"就是同义词。OWL 语言中用 sameClassAs 和 equivalentClass 表示概念之间的同义关系。

例如：<owl:Classrdf:ID="客户服务">

<owl:equivalentClass>

<owl:Classulf:about="客服"./>

</owl:equivalentClass>

</owl:Class>

概念 m 的同义概念集为：$R(m)=\{n \in C \mid n$ 是 m 的同义概念$\}$（C 是本体概念集合）。

同义词扩展算法：

输入：查询词 m

输出：为空或同义概念扩展集 R

Begin

Step1：用户输入查询词 m；

Step2：IF($m \notin C$){算法终止；}（到 C 中判断该词是否为本体概念，若不是则算法终止）；

Step3：初始化 $R=\Phi$；

Step4：根据关键词 sameClassAs 和 equlvalentClass 到本体 OWL 文件中查找 m 的同义词 n，放入集合 R；

Step5：返回结果集 R。

End

2. 语义蕴涵扩展算法

语义蕴涵也称为下位类扩展。是一种对概念及其下位概念进行检索的方式。

其方法是由当前概念出发，查找该概念的所有下位概念。该细化操作只查找一层，若无下位概念，则返回空。否则将查找的内容写入结果集中。

本体中下位类指代本概念的子概念，例如，"宝来"的下位概念有"新宝来"和"宝来经典"，在搜索时可以将"宝来"蕴涵扩展为"新宝来"或者"宝来经典"进行搜索。

本体概念图。$OCG=OCG(OC, OR)$。其中 OC 概念集，定义了图的节点，OR 是关系集，定义了图的边集。

概念 m 的下位概念集：$E(m)=\{n \in E\}n$ 是 m 的子概念$\}$。

语义蕴涵扩展算法：

输入：查询词 m

输出：为空或下位概念集 E

Begin

Step1：用户输入查询词 m，到 C 中查询，判断 m 是否为本体概念，不是则终止；

Step2：初始化 $clist=OCG.OR$, $n=|clist|$, $E=\Phi$；

Step3：若 $n=0$，转 step5；否则取出 $clist$ 中的一个元，记为 NR，$n=n-1$；$clist=clist-\{NR\}$；

Step4：查找 m 的子概念，放入集合 E 中；

Step5：返回结果集 E。

End

3. 语义扩展检索

语义扩展检索也称为语义泛化检索，是一种对概念及其上位概念进行检索的方式。其方法是由当前概念出发，查找该概念的所有上位概念。该泛化操作只查找一层，若无上位概念，则返回空。否则将查找的内容写入结果集中。下位类和上位类关系互逆。

概念 m 的上位概念集：$s(m)=\{n \in E\}n$ 是 m 的父概念 $\}$。

下位类扩展算法：

输入：查询词 m

输出：为空或下位概念集 S

Begin

Step1：用户输入查询词 m，到 C 中查询，判断 m 是否为本体概念，不是转 step5；

Step2：初始化 $clist=OCG.OR$, $n=|clist|$, $S=\Phi$；

Step3：若 $n=0$，转 step6；否则取出 $clist$ 中的一个元，记为 NR，$n=n-1$；$clist=clist-\{NR\}$；

Step4：到本体文件中根据关键词查找父概念，放入集合 S；

Step5：返回结果集 S。

End

经过对情境扩展，进行情景匹配预检索，在检索结果中通过对用户输入的关键词进行语义扩展，经过同义词扩展、蕴含扩展和下位词扩展 3 个步骤，最终完成语义扩展检索。

经过情境扩展和语义扩展，得到的服务知识检索算法流程图如图 5-5 所示。

第 5 章 基于本体的服务知识检索

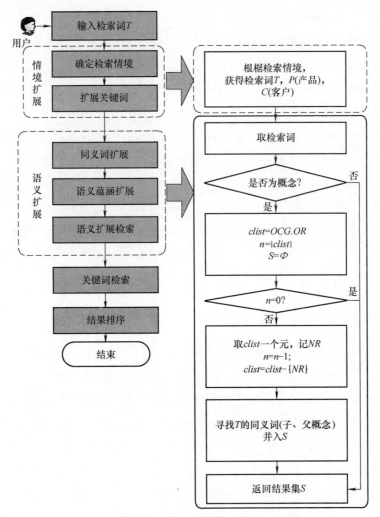

图 5-5 服务知识检索算法流程图

5.4 服务案例检索算法

案例知识是暂时不能结构化或不能全部结构化的知识。案例所表达的对某类问题的求解方法一定隐藏有体现事物本质的规律的知识,并一定与领域知识相关联。

服务案例是在客户服务过程中产生的重要数据,是对服务人员向客户提供服务完整过程的描述,其中包括服务对象(即所服务的产品)、客户、服务现象、服务类型、处理方式和处理结果等。案例中往往蕴涵着以往活动的经验、教训、技巧和方法等隐性知识，这些知识是解决实际问题的重要依据。因此，有效地检索案例知识是案例知识管理的重要内容。

案例的检索与匹配是实现案例推理的关键，其主要目的是根据对新问题的定义和描述从案例库中检索出最佳案例作为新问题的求解依据。案例的检索要达到以下两个目标：检索出来的案例应尽可能少；检索出来的案例应尽可能与当前案例相关或相似。案例作为一种原型再现形式，最早应用于教学，是为了培养学生分析问题、解决问题的能力，在学生需要进入现场而客观上又无法进入现场时采用的一种教学方法。由于案例的拟真性，案例较好地反映了现实工作情境的复杂性、模糊性和变动性，能提供人们思考和解答问题的多种路径和空间。事实上，一个案例就是一个实际情境的描述，在这个情境中，包含有一个或多个疑难问题，同时也可能包含有解决这些问题的方法。

5.4.1 基于情境的案例检索流程

针对产品的服务是一个时时刻刻都在发生的过程。每一次成功的服务或维修的过程，都是在产品服务过程中的一个成功的案例。在对同一类型产品的服务过程中形成的大案例之间都会有相似的地方，如果可以借鉴这些相似的案例对今后出现的类似故障问题进行服务和保障，将大大提高产品服务的效率并节约人力、物力。

根据李江等的研究：由于隐性知识的情境依赖性，通过情境管理为组织隐性知识的生成、分享和重用创造良好的条件和机会。而隐性知识的重用，即在特定情境之下，主体通过反思将自身已经具备的隐性知识与情境信息相结合来完成任务或者解决问题。案例知识中就蕴含了大量的隐性知识，案例记录了知识产生的环境和条件等各方面信息，具有非常强的情境依赖性。因此，本文将知识情境理论应用到服务案例的检索中。

在情境相似性的计算中，整体相似的计算是在部分相似计算的基础上得出的。通常，将一个复杂的整体分解成部分，通过计算各部分之间的相似度得到整体的相似度。对于知识情境来说，通过计算情境中各个节点的相似度，得到维度的相似度，然后获得整个情境的相似度。

假设两个整体 A 和 B 都可以分解成以下部分：A 分解成 $A_1, A_2, \cdots, A_n$，B 分解成 $B_1, B_2, \cdots, B_m$，那么这些部分之间的对应关系就有 $m \times n$ 种，但并不是所有

第 5 章　基于本体的服务知识检索

这些部分之间的相似度都会对整体的相似度产生影响。我们认为，一个整体的各个不同部分在整体中的作用是不同的，只有在整体中起相同作用的部分互相比较才有效。例如比较两个人长相是否相似，总是比较他们的脸型、轮廓和鼻子等对应部分是否相似，而不会将眼睛和鼻子做比较。同时，如果某一部分的对应物为空，则该部分的相似度为 0。

情境相似度的计算是在情境树的基础上，对树形结构进行相似度比较，分别计算各节点的相似度，然后根据每个节点的权重，计算出对应维度的相似度，进一步加权求和得到根节点的相似度，从而得到情境的相似度。

因此，情境检索中的相似度计算流程如下：

1）输入问题情境。
2）计算问题情境中各节点与各历史情境中对应节点的相似度。
3）计算问题情境中各维度与各历史情境中对应维度的相似度。
4）计算问题情境与各历史情境的情境相似度。
5）得到按相似度高低顺序排列的历史情境序列。

在本文中，服务案例被分为 8 个维度：案例标识、客户、产品、情景描述、服务类型、服务资源、服务方案和结果反馈。因此，案例的检索过程也是属性节点相似和各个维度相似的复杂计算问题，与情境相似性计算非常相似，因此，本文参照情境检索的流程提出如下服务案例检索流程，如图 5-6 所示。

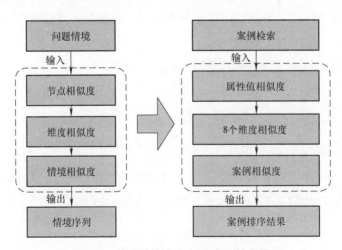

图 5-6　情境检索向案例检索的转化模型

从图可以看出，问题情境与案例检索的原理非常相似，有问题情境可以推出案例检索的流程如下：

1）输入需要检索的目标案例。
2）计算目标案例各节点的属性值与历史案例中对应节点的相似度。
3）计算目标案例在8个维度与各历史案例对应纬度的相似度。
4）计算目标案例与历史案例的总体相似度。
5）按相似度顺序排列并输出。

下文将根据本节所提出的案例检索流程，对属性相似度和维度相似度算法进行分析。

5.4.2 属性相似度计算

由于服务案例中包含不同种类的案例描述，特征属性也多种多样，不尽相同，不同的属性特征值的相似度计算也不尽相同，如果用同一种计算方法会使检索失去目标，使检索出的结果失去准确性。因此，参照文献所提出的属性分类，本文根据服务案例领域中的属性特征值的类型，将服务案例可能出现的属性特征值划分为3种类型，分别为：

1）确定数值型：通常是精确的数值。
2）模糊概念型：在案例中比较常见。
3）文本类型：通常是自然语言或者明确术语表示。

针对上面不同的属性类型，本文采用不同的属性相似度计算算法。

1. 确定数值型

确定数值型的属性特征指具体的数值，在案例中出现的较多。对精确的数值，现有的相似度的计算方法很多，经过对比，本文采用较常用的海明距离计算方法计算数值的形似度，见式（5-2）

$$\text{sim}(X, Y) = 1 - \sum_{i=1}^{n} w_i \text{dist}(X_i, Y_i) \quad (5\text{-}2)$$

在式（5-2）中，权重 w_i 代表第 i 个属性的重要度，$i=1, 2, 3, \cdots, n$，n 是案例中属性的个数，标准的 $\text{dist}(X_i, Y_i)$ 通常的计算公式如下

$$\text{dist}(X_i, Y_i) = \frac{|X_i - Y_i|}{|\max_i - \min_i|} \quad (5\text{-}3)$$

对于案例的特征属性值，$\max_i$ 和 $\min_i$ 分别代表案例第 i 个属性的最大值和最小值，对于符号类型的属性值，例如性别特征的属性取值，如果 $X_i = Y_i$，则

dist $(X_i, Y_i) = 0$，即相似度为 1；如果 $X_i \neq Y_i$，则为 0。

2. 模糊概念型

案例中的某些属性用模糊概念来表达，例如汽车产品的服务案例中存在对离合的描述，离合高，则有点高等模糊性词语的描述。针对这类属性，通常采用隶属函数来计算模糊概念的相似度，将案例中的某些模糊描述｛差，较差，一般，较好，好｝归于模糊概念。

然而，隶属度函数的计算方法非常复杂，为了提高查询效率，为了计算简便，本文采用了模糊概念与数值之间的映射关系，例如在｛差，较差，一般，较好，好｝和｛0，0.25，0.5，0.75，1｝之间建立映射关系，这样模糊概念属性的相似度计算就转化为确定数值型的相似度计算。采用上文介绍的数值型属性相似度算法进行计算。

3. 文本类型

由于服务案例中除了数值型、符号类型和模糊概念类型的属性之外，还包括很多描述案例的句子，在句子中包含领域内的关键词，在服务案例检索的过程中，用户也输入较多的行业内术语，这些都属于关键词。推理可得，句子中某些关键词即可表达句子的主要内容，也就是说某些具有标识性的关键词在句子相似度计算过程中也起着重要作用。因此，本文将文本类型的关键词作为一类，对其相似度算法进行研究，以提高案例检索的查全率和查准率。

按照上文的分析，做关键词的检索中，首先采用语义扩展算法。从同义词、语义蕴涵和语义扩展 3 个角度对关键词进行语义扩展，将扩展之后的关键词作为检索关键词对服务案例进行检索，提高服务案例检索的查全率。

对于基于关键词的句子相似度计算，本文提出如下计算方法：

任意两个句子 S_1 和 S_2 的向量形式表示为：

$S_1 = ((word_{11}, w_{11}, o_{11}), (word_{12}, w_{12}, o_{12}), \cdots, (word_{1n}, w_{1n}, o_{1n}))$

$S_2 = ((word_{21}, w_{21}, o_{21}), (word_{22}, w_{22}, o_{22}), \cdots, (word_{2n}, w_{2n}, o_{2n}))$

则两个句子的相似度计算公式如下：

$$\text{sim}(S_1, S_2) = \frac{\sum_{i=1}^{n}(w_{1i} \times w_{2i}) \times (o_{1i} \times o_{2i})}{\sqrt{\sum_{i=1}^{n}(w_{1i} \times o_{2i})^2 \times \sum_{i=1}^{n}(w_{2i} \times o_{2i})^2}} \quad (5\text{-}4)$$

公式（5-4）中，$\text{sim}(S_1, S_2)$ 表示两个句子的相似度，w_{1i} 表示关键词 w 在 S

中的权重，由专家根据关键词给出。o_{1i} 表示关键词 w 在 S 中出现的顺序。

若目标案例中有的属性值没有给出，则认为该节点的相似性为 1。或者目标案例中给出了属性值的，但是历史案例中没有对应的属性值，则认为该节点的相似性为 0。

根据上面 3 种情况即可得到历史案例与目标案例中各对应节点的相似度。也就是 8 个维度节点的相似度值。

5.4.3 案例相似度计算

案例是实现服务知识应用和共享的主体，案例本体中以领域知识为特征，特征间逻辑关系为隐性的经验知识。因此，服务案例知识本体以向服务人员提供知识参考为目标，主要由产品特征和客户特征及附件特征决定其相似度，并且仅对共有特征的对应特征进行相似度计算，对所输入的关键词进行语义扩展，最大限度扩大相似案例范围，以适应服务案例有限的特点。

1. 维度相似度计算

按照检索流程，应该进行维度相似度计算。由于本文所检索的服务案例本体的维度是固定的，每个服务案例都有 8 个维度。也就是说每个服务案例所构造的情境树从结构上看是一致的。

情境树的维度相似度计算如下，设节点 v 的子节点为 $v1, v2, \cdots, vn$，将以节点 v 为根的树对应的维度 D_v 的相似度定义为

$$S(D_v) = S(v) \times \sum_{i=1}^{n} w_{vi} S(D_{vi}) \quad (5\text{-}5)$$

在式（5-5）中，$S(v)$ 为历史情境中节点 v 本身的相似度，w_{vi} 为维度 D_{vi} 的权重，即为其根节点 vi 的权重，$S(D_{vi})$ 为以节点 vi 为根的树对应的维度 D_{vi} 的相似度。

根据以上算法，$S(v)$ 为历史情境中节点 v 本身的相似度，而服务案例本体只具有两层结构，8 个维度构成了一个案例，只要对每个维度的相似度乘以系数即可得到案例本身的相似度。

因此，本文对上述算法做了改进，将服务案例的相似度计算改为根节点相似度计算，而根节点相似度值是 8 个维度上属性相似值的加权和，由此本文提出了服务案例相似度计算公式

$$S(KS)=\sum_{i=1}^{8} w_i \times S(D_i) \qquad (5\text{-}6)$$

在式（5-6）中，$S(KS)$ 是历史案例与目标案例的相似度，$S(D_i)$ 表示案例在第 i 个属性之上的相似度，w_i 是第 i 个维度的权重。

2. 权重的计算

在式（5-6）中，非常重要的一个因子是维度的权重。

维度权重的实质是该维度在服务决策过程中相对重要程度的一种主观评价和客观反映的综合度量，按性质主要分为两类：

1）反映决策者对各维度的偏好或者维度本身的重要程度，确定的方法有专家直接赋权法和二元对比法等。

2）反映维度所含的信息量对决策结果的贡献，此类权重与其维度值对方案的区分能力成正比，对各方案区分能力强的维度应赋予相对大的权重，而不论维度本身的重要程度如何。

一般情况下，用户可根据此维度在服务案例中的重要性，自行设置。当用户设置权重 $\sum_{i=1}^{8} w_i \neq 1$ 时，要对其进行归一化处理。

最后，根据案例相似度计算方法得到案例的相似度，按照相似度的大小排序，根据具体情况设定阈值。例如将阈值设为 0.8，认为相似度大于 0.8 都作为相似案例。如果案例较少可以适当降低阈值，使相似案例的范围更大。

通过对本体知识检索的内容和方法进行研究，结合知识情境理论，提出了本文的基于知识情境的服务知识检索模型，该模型包括了情境树的构造和基于情境树的检索过程；从产品和客户两个维度构造了情境树，通过情境树的构造扩展了服务知识检索的关键词。在构造情境树的基础上，分析了语义检索的含义和方法，结合服务知识的特点，给出了服务知识语义扩展的流程和算法，并给出了基于情境扩展和语义扩展的服务知识检索模型和服务知识检索算法。分析了案例检索的算法，将案例检索算法和情境相似算法进行了对比，结合情境相似算法提出了服务案例检索算法。该算法从目标案例出发，对服务案例的每个维度的属性相似度进行计算，针对不同的属性值给出了相似度计算公式；在此基础上，得出了案例相似度计算公式。由此可以得出案例的相似度，根据相似度大小排序，根据阈值选出相似案例。

第 6 章

基于本体的服务知识支持原型系统设计

在如今竞争激烈的市场条件下，产品生命周期越来越短，客户对服务的要求越来越高，意味着企业必须具有进行高效的产品服务的能力，对服务人员的压力也就更大，要求服务人员必须能在短时间内获得对产品服务有用的服务知识为客户提供准确的服务。针对上述问题，需要建立能够支持产品服务的服务知识系统，为了解决产品服务中存在的产品服务知识共享难、重用难的问题，本章在前面的各章中研究的面向产品全生命周期的服务知识支持系统的基本原理和相关技术的基础上，从软件工程的角度分析原型系统的功能需求、体系结构、应用流程和系统设计等内容。本章所建立的原型系统以本文前面各章相关理论和技术为指导，以面向对象的程序开发技术、Web 应用技术和本体建模等相关技术为基础，对基于本体的服务知识支持原型系统进行了分析和设计。

6.1 知识管理系统的基本理论

6.1.1 知识管理系统的概念

知识管理的终极目的与其他管理的终极目的一样，是为了提高企业创造价值的能力。知识管理的直接目的是要将最恰当的知识在最恰当的时间传递给最恰当的人，帮助他们做出决策，以提高企业的创新能力，这也是知识管理在新的经济时期之所以必然出现并且广泛兴起的直接驱动力。知识管理是对于知识运用的管理，知识管理的主要任务是要通过加强对知识表达、存储、传输、供应和共享等重要环节的管理，实现对企业的知识资源全面和充分的开发及有效的利用。

目前企业知识管理系统没有统一的定义，大多学者都是从 KMS（knowledge

management system，知识管理系统）应具备的特点和应完成的任务等方面去阐述的。总体上可以分为两种观点：技术与工具观和系统观。技术与工具观认为 KMS 是实现知识管理的工具、知识管理技术或知识管理系统软件。系统观认为 KMS 不仅仅是工具、技术和软件等的集合，还是将知识管理的几个要素（如：技术、企业文化、人和知识运动的过程等）集成考虑的综合系统。Maryama 认为企业知识管理系统作为实现知识管理的计算机系统，是一个具有知识管理能力和协同工作能力的软件系统，是一种集管理方法、知识处理、智能处理乃至决策和组织战略发展规划于一身的综合系统。丁蔚等认为知识管理系统是指以人和信息为基础，以整合组织知识学习过程、实现组织竞争力的提高为目的，利用先进的信息技术建立起来的网络系统。它由内部网、知识资产管理、动态知识管理、数据库、协作和工作管理、工作流管理、文本和文档管理 7 个部分组成。张新武认为，企业知识管理系统是将企业整体看作一个知识处理的系统，它包括企业组织、企业文化、个体知识与学习模式、业务规则及其间的交互过程，以及由计算机支持的信息系统。

目前国内外学者对 KMS 的含义见解不一，究其分类，可以从技术与工具观和系统观的角度，也可以从狭义和广义的角度。狭义的 KMS 是指支持组织对知识链各个环节进行有效管理的软件系统，是组织进行 KM（knowledge management，知识管理）的工具，亦是组织进行知识沉淀和处理的平台，可以看作是广义 KMS 的技术子系统。如 Peter 指出企业知识管理系统是一种聚焦于创造、聚集、组织和传播一个组织知识的信息系统，知识库和知识地图是知识管理系统的两种常见类型，还有学者认为 KMS 是组织进行知识管理的工具与技术的集合，甚至强调 KMS 是具有知识库管理能力和协同工作能力的计算机软件系统。

广义的 KMS 是组织模型的抽象，是组织在 KM 方面的视图，是一个"社会-技术"系统，是从组织整体来考虑对 KM 的支持，由 KM 主体、客体（知识）、知识过程、软件工具（狭义的 KMS）和组织内环境（组织结构、组织文化、人力资源和激励机制等）等组成的有机系统。

如前所述，狭义的 KMS 强调了 KM 的实现工具，而广义的 KMS 突出了 KM 的整体性。KMS 是一个完整的体系，系统中各个要素之间具有不可割裂的联系，缺少任何一个要素都很难保证构建出来的系统与 KM 其他要素之间能较好地协调，更不能保证 KMS 能有效地管理和创造知识，所以从广义角度定义的 KMS 才是完整全面的和有实际意义的。

本文将企业知识管理系统定义为：KMS 是实现知识管理的工具集合，是一个有助于知识获取、组织和传播的管理技术集合，为企业提供知识重用和知识共享，最大限度地发挥本企业的知识潜力，提高决策速度与效率的系统。

6.1.2 知识管理系统的设计原则

面向产品全生命周期的服务知识支持原型系统是在网络环境下将所有与产品服务相关的数据、人员、资源和过程进行知识描述、知识共享和知识检索的系统。通过获取产品全生命周期内的服务知识、将服务知识进行知识建模、依靠服务知识的共享与检索，实现对服务过程所需知识的支持，提高服务的效率和质量，为制造业服务化的推进提供实践意义上的帮助。

该原型系统在设计与开发的过程中遵循了以下原则：

1. 知识库与系统数据库的分布性和异构性

产品全生命周期服务知识支持系统的数据库与产品知识的知识库在物理上是独立的，在功能上是相互关联的，在逻辑上则构成了一个开放的面向产品协同设计的数据库，便于使本体建模工具所生成的知识本体文件能够更好地与存储于关系型数据库中的知识库进行同步更新和维护；将由知识文档为主体的数据信息统一存储于文档知识库中，能够便于文档知识库的全文检索和备份。知识库与系统数据库的分布性和异构性不仅为实现分布式的数据库存储与访问策略提供了拓展空间，同时能够更好地面向不同规模的企业应用。

2. 系统的可扩展性与重用性

产品全生命周期服务知识支持系统以面向对象技术为主要开发策略，采用功能模块的组成结构，因而具有良好的可扩展性与重用性。尤其是采用了基于本体的知识共享策略，共享策略的定义与维护均在本体建模工具中完成，系统功能内的知识共享管理则采用预先定义的接口与其通信，因而具有较好的适用性，能够面向不同的产品结构与设计任务定义相应的知识共享策略。

3. 系统开放性

产品全生命周期服务知识支持系统是基于网络的开放性系统，不仅制造企业内部的人员能够访问，产品服务提供者与客户也能够参与到系统中进行查询和留言，能够支持不同网络环境下的应用，产品全生命周期服务知识支持的各方能够依托该系统相互通信、共同操作、协同工作。采用 B/S（Browser/

Server，浏览器/服务器）模式的应用架构，则能够更好地满足不同用户在不同地点于不同时间访问系统的需求，为群体协作提供了极好的支持。需要注意的是，系统的开放性是以严格的身份验证和数据传输的加密与解密为前提的。

6.2 支持产品全生命周期服务的知识管理系统的设计

6.2.1 服务知识管理系统的特点

随着制造业服务程度的提高、服务的增强，以及产品复杂程度的提高，制造业需要越来越多的服务支持，而且产品的维修和各种服务所需的知识也越来越多。产品服务变成了一项知识密集型的过程，需要大量的多类型、多渠道的知识和知识交流。因此，服务过程需要知识管理的全面支持。目前，在产品服务过程中，信息化的建设比较普遍，但是服务过程缺乏记录和累计，没有对数据进行提取和整理，更谈不上知识集成；服务人员的大量经验知识不能形成共享，没有对服务知识进行有效共享和重用。因此，为了解决上述问题，支持产品全生命周期服务的知识管理系统具有以下特点。

1）体现服务管理的综合性：服务主体、服务方案、服务对象和服务资源是服务知识管理系统的四个重要因素，因此，系统一定要将服务的主体、客体、服务所需的资源及服务知识都纳入到系统中，才能实现对服务过程的支持。

2）体现服务知识的情境性：不同的服务主体和服务客体，在不同的阶段所需要的知识是不同的，也就是说知识的情境决定了知识的有效性，因此服务知识管理系统中要根据情境决定不同的服务知识。

3）提供产品服务过程中的全方位知识支持：不同的服务过程与服务任务，所需求的服务知识存在差异，需要提供便捷的知识检索、个性化的知识服务与定制、专家快速定位，以及服务方案的制订等。

4）保证服务知识的共享和安全：服务知识在企业内部的安全共享机制为知识在服务过程中重用的安全性提供了保障，是知识资产安全传递的重要手段。

综合上述支持产品全生命周期服务的知识管理系统特点，服务知识管理应该对产品生命周期中所涉及的与产品服务相关的各类知识进行管理，同时根据各周期中的服务活动提供各类检索、获取、组织、存储和重用知识的机制，使服务人员能够快速找到所需要的知识,达到人、过程和知识集成的目的。这是服务知识管理的主要目标,也是服务知识管理系统设计的主题思想。

6.2.2 系统的功能结构和业务流程

围绕产品全生命周期的服务,企业内部存在两个主要过程:一是企业的业务过程;二是知识过程。而产品、客户、服务知识(包括服务案例知识)和服务资源是产品服务过程中的重要因素。因此,系统需要提供知识过程的管理和业务过程的管理,同时还要对本体库进行管理,即系统的总体功能框架需要围绕知识过程和知识本体管理展开。

在系统的总体功能框架(见图6-1)中,知识过程层包括:知识的获取、处理、表示、存储、积累与更新,是知识从无到有、不断动态变化的过程。在此基础上,得到了本体库层,其中包括:服务知识本体库、产品知识本体库、客户知识本体库、服务资源本体库和服务案例本体库。在本体库的基础上,提供了服务知识录入、服务知识检索,案例知识检索和系统管理等知识系统功能模块,以支持最上层的业务过程层。业务过程层包括:产品的研发服务、设计服务、制造服务、销售服务、维护服务直至回收服务的整个产品生命周期的服务业务,是知识获取的来源环境。服务知识管理系统将知识过程和业务过程联系起来,提供服务知识的录入、服务知识的检索和案例知识的检索功能,支持业务过程中各类知识的管理和重用。

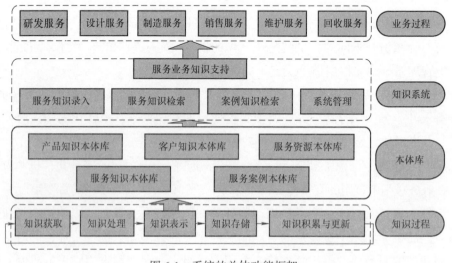

图 6-1 系统的总体功能框架

第6章 基于本体的服务知识支持原型系统设计

分析了产品全生命周期服务知识支持系统的总体功能，服务知识的受益者是服务工作人员和客户，服务工作人员是属于制造业的服务提供者，因此使用主体是企业用户（包括服务工作人员）和普通用户（客户），同时还需要系统管理员维护支撑系统运行的基础资源并保障知识的完整性，专家用户可以帮助系统对服务案例和服务知识进行整理和完善。

支持产品全生命周期的服务知识管理系统的业务流程如图 6-2 所示，反映了系统执行过程中各功能模块之间的数据传递机制和各功能模块之间调用机制的逻辑关系。

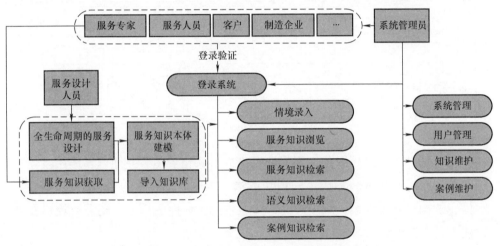

图 6-2　支持产品全生命周期的服务知识管理系统的业务流程

6.2.3　系统的体系结构

服务知识支持系统的技术实现采用 Eclips 平台和 OWL 等技术，将用户界面与所显示的数据分离，实现跨平台性能。同时充分考虑平台软件的用户、组织和权限管理，以及安全的数据管理，保证异构数据的交换和异构系统的集成，为产品全生命周期服务提供服务知识支持的平台。系统的总体框架如图 6-3 所示，系统由应用层、系统功能层、应用接口层、知识获取层和数据资源层共 5 层组成。

数据资源层是指制造企业现存的各种数据库，包括客户数据库、产品数据库、生产数据库、供应商数据库、企业情报库、服务数据库、服务标准库和服务专家库等数据资源。

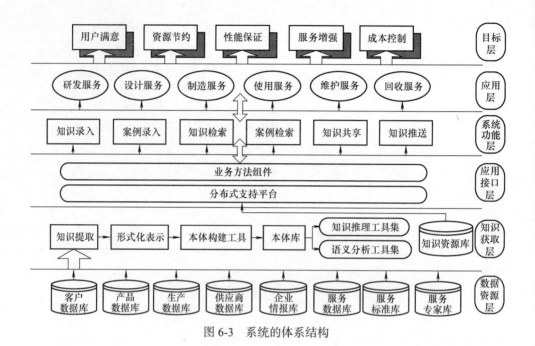

图 6-3 系统的体系结构

在此基础上，进行服务知识提取，进而形式化表达服务知识，运用本体构建工具，构造本体库，形成了知识获取层。本体库指构造的服务领域本体库。本体库的构建非常复杂，难度较高，为了辅助本体库的构建，还需要提供本体构建工具，提供组织本体自动捕获和手工构建的功能。

得到知识资源库后，通过应用接口层向各业务提供服务支持。应用接口层包括分布式支持平台和业务方法组件。

系统功能层实现了对服务知识的录入，服务案例的录入，知识检索和案例检索功能，最终实现服务知识的共享和推送。

应用层主要指系统所对应的业务，包括研发服务、设计服务、制造服务、使用服务、维护服务和回收服务。在各服务过程中都可以使用系统提供的功能，对各服务过程提供服务知识的支持。最终实现用户满意、节约资源、性能保证、服务增强和成本控制的目标。

6.2.4 基于本体的服务知识应用模型

本体通过对概念的严格定义和概念之间的关系来确定概念的精确含义，表示共同认可的、可共享的知识，解决信息语义层次上的问题，因而在语义查询方面发挥着重要作用。

本系统的实现是基于本体的知识应用过程,因此对基于本体的服务知识应用模型进行分析,如图 6-4 所示。

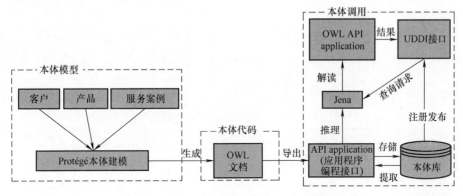

图 6-4　基于本体的服务知识应用模型

首先对本体的应用是建立在本体建模的基础上,通过对服务领域知识运用 Protégé 工具进行本体建模,生成了 OWL 文档,即本体代码,通过 Jena 推理机导出 OWL 文档进入本体库,并对其进行推理和解读,通过提取本体库知识利用 UDDI 接口实现服务的注册发布,通过 Jena 实现对本体的查询,获得结果返回给页面。

统一描述、发现与集成协议 UDDI 的出现,提供了一种在广泛环境内的集中式服务组织与管理模型。UDDI 除了支持服务描述信息的注册与发布之外,还可以按照服务的自然情况对服务资源进行简单分类管理,在一定程度上满足了服务发现与集成的需要。各个应用系统在核心引擎层将组件服务库的服务按照自身需求组装出相应的应用系统。该系统的组件服务库里的服务采用 Web Service 进行开发,使用 UDDI 机制作为创建、发布、发现和调用服务的机制,确保服务的一致性。各服务层之间通过接口进行通信和数据传送。

6.3　OWL 本体的关系数据库存储形式

6.3.1　OWL 本体到关系数据库的映射规则

目前已经出现了很多本体存储管理系统,可以分为纯文本、专门管理工具和关系数据 3 种本体存储方法。按照存储介质不同可以分为基于主存、基于文件系统和基于关系数据库 3 类。关系数据库的存储方式是目前大规模本体数据库存储管理的主要方式。基于关系数据库存储本体的方法主要有水平模式、垂直模式和分解模式等。

要将 OWL 本体存储到关系数据库中首先要研究 OWL 的组成，研究 OWL 本体到关系数据库模式的对应关系。OWL 本体的组成元素与关系数据库的对应关系见表 6-1。

表 6-1　OWL 本体元素与关系数据库的对应关系

OWL 本体元素	关系数据库
Class	Table
Property	Table column
Object property	Primary key
Object property A，range is B	Table A，foreign key for B
Class B，Sub Class of A	Tabel A has primary key，foreign key for B
Individual	Row

其次考虑 OWL 本体中的数值类型映射问题。OWL 本体使用 XSD（XML Schema Datatype，可扩展标记语言架构）基本数据类型，可分为时间日期型、字符型、布尔型、基本数值型和约束数值型等 5 类。前 4 种类型都可以直接和 SQL（结构化查询语言）标准中的基本数据类型对应，但第 5 种类型不能直接对应到 SQL 标准数据类型，不过若在映射时增加一个取值约束，那么在 SQL 中就能够表达这些数据类型了。

具体 OWL 本体中的数据类型与关系数据库（以 Oracal 为例）数据类型的对应关系见表 6-2。

表 6-2　OWL 本体数据类型与关系数据库中数据类型的对应关系

数据类型	OWL 本体数据类型	关系数据库的数据类型
时间日期型	Date	Date
	Time	Time
	Datetime	Datetime
布尔型	Boolean	Boolean
字符型	String	Char/Varchar

（续）

数据类型	OWL 本体数据类型	关系数据库的数据类型
基本数值型	Decimal	Decimal
	Integer	Int
	Short	Smallint
	Long	Long
	Float	Float
	Double	Double
约束数值型	Negativeinteger	Int+check（<0）
	Nonnegativeinteger	Int+check（>0）
	Positiveinteger	Int+check（>0）
	Nonpositiveinteger	Int+check（<0）

按照以上的映射规则，可以实现 OWL 本体到关系数据库的存储，方便本体的长期存储、系统的开发及对本体知识的应用。

6.3.2 服务领域知识本体的关系数据库结构

根据上文所分析的映射规则，OWL 本体向关系数据库转化的步骤如下：

第 1 步：$\forall C \in Class \rightarrow$ create table C（Thing，ID，classname，subclass_of）表示服务领域本体首先创建一个表 Thing，该表包含的属性有类的标识符（ID）和类名等属性，subclass_of 表明了父类，用外键来表示。此表相当于全部类的总表。

第 2 步：$\forall C \in Class \rightarrow$ 获取 C 的名称 n，create table（n，individual_name）表示将 OWL 本体中的每个类都转化为一个表，表名与类名相同，表中添加个体列。

第 3 步：$\forall C_1$，$C_2 \in Class \wedge subclass\_of(C_1，C_2) \rightarrow$ 表示如果 C_1 是 C_2 的子类，则将 C_2 对应表的主键同名列加到 C_1 表中，并用外键链接两表。

第 4 步：属性转换方法按照表 6-2 所示的具体对应方式将 OWL 中的 xml 属性值设置到关系数据库的表中。

第 5 步：create table（property_relation，property1，property2，relationtype）建立属性关系表 property_relation，表中有属性列 property1、property2 和 relationtype，表示了属性1、属性2 和关系类型。

第 6 步：Create table（property_characteristics，propertyname，transitive，symmetric，functional，inversefunctional）为属性特征建立一张表，将 propertyname、transitive、symmetric、functional 和 inversefunctional 各种特征作为属性列，本体中所包含的特征就转化为表中的元组。

第 7 步：Create table（property_restriction，classname，propertyname，restrictiontype，value）表示为全体属性约束建立一张表，表名为 property_restriction，属性列为类名（classname）、属性名（propertyname）、约束类型（restrictiontype）和约束值（value）。

根据上述 7 个步骤，本文服务知识支持系统所建立的服务领域 OWL 本体最终转化为关系数据库中的整体数据结构及数据表之间的逻辑关系，如图 6-5 所示。

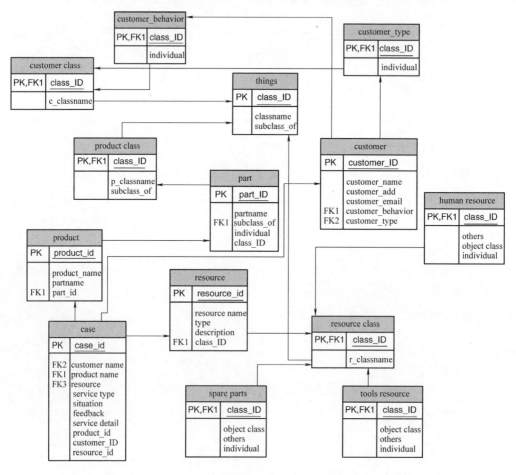

图 6-5　服务知识支持系统的数据结构

6.4 原型系统的开发和实现

6.4.1 系统的开发环境

本系统在实现时采用 B/S 模式的三层网络架构，在客户端采用浏览器作为操作界面，以满足系统的易操作性、易维护性和易扩展性，系统的开发平台和工具如下：

系统硬件平台：Pentium（R）4cPu2.80GHZ，内存 1GB；

操作系统：Windows XP；

数据库：Oracal 10；

浏览器：Internet Explore6.0 以上的浏览器；

知识本体模型开发工具：Protégé 3.4.4。

1. 系统开发语言：Java

Java 是一种简单的、面向对象的、分布式的、解释型的、健壮安全的、结构中立的、可移植的、性能优异的多线程动态语言。Java 语言的优良特性使得 Java 应用具有健壮性和可靠性，它对对象技术的全面支持和 Java 平台内嵌的 API 能缩短应用系统的开发时间并降低成本。Java 的一次编译及随处运行的特性使得它能够提供一个随处可用的开放结构和在多平台之间传递信息的低成本方式。此外 Java 的平台独立性很好，系统只需安装相应的 Java 虚拟机即可。所以用 Java 语言编写好的程序，可以十分轻易地拿到另一个平台上执行，这一点是其他编程语言做不到的。

2. Web 服务器：Tomcat

Tomcat 是 Apache 软件基金会（Apache Software Foundation）的 Jakarta 项目中的一个核心项目，由 Apache、Sun 和其他一些公司及个人共同开发而成。由于有了 Sun 的参与和支持，最新的 Servlet 和 JSP 规范都能在 Tomcat 中得到体现，Tomcat 5 还能支持最新的 Servlet 2.4 和 JSP 2.0 规范。Tomcat 服务器是一个免费的、开放源代码的小型轻量级 Web 应用服务器，由于它运行时占用的系统资源小，扩展性好，支持负载平衡与邮件服务等开发应用系统常用的功能，而成为目前开发和调试 JSP 程序的首选。

3. 程序开发环境：Eclipse+JDK

Eclipse 是一个开放源代码的、基于 Java 的可扩展开发平台。就其本身而言，它只是一个框架和一组服务，用于通过插件组件构建开发环境，但是 Eclipse 附带了一个标准的插件集，包括 Java 开发工具（Java Development Tools，JDT）在内。由于其开放源代码，任何人都可以免费得到，并可以在此基础上开发各自的插件，因此越来越受人们关注。

4. Jena 推理机

Jena 是 HP（惠普）公司开发的一个基于 Java 的开放源代码语义网工具包，它提供了开源的基于本体的语义检索 API，用于创建语义 Web 应用系统的 Java 框架结构，并为解析 RDF、RDFS 和 OWL 本体提供了一个编程环境及一个基于规则的推理引擎。Jena 将 RDF 图作为其核心的接口。Jena 的功能是很强大的，它包含了用于对 RDF 文件和模型进行处理的 RD FAPI，用于对 RDF、RDFS 和 OWL 文件（基于 XML 语法）进行解析的解析器，RDF 模型的持续性存储方案，用于检索过程推理的基于规则的推理机子系统，用于对本体进行处理和操作的本体子系统，以及用于信息检索的 RDQL 查询语言等。Jena 的这些组成部分在解决语义 Web 环境下的语义检索中起到重要的作用。在本体构建完成后，可以利用 Jena 推理机将".OWL"文档转化为可供检索应用程序使用的格式。利用 Jena 推理机解析本体的工作流程如图 6-6 所示。

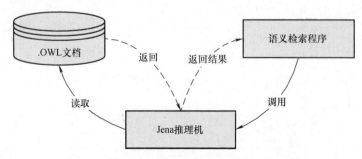

图 6-6 利用 Jena 推理机解析本体的工作流程

6.4.2 系统的实现

根据本书第 4 章的结论，用 Protégé3.4.4 创建了汽车产品的服务知识本体模型，接下来要利用 Protégé3.4.4 为已经构建的本体创建实例，如图 6-7 所示即为创建的服务案例实例。

创建实例之后本体模型就算完成，随后便要对本体进行解析。本体解析使用上文介绍的 Jena 推理机，用于支持语义网应用。

第 6 章　基于本体的服务知识支持原型系统设计

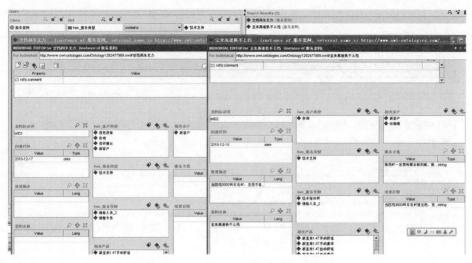

图 6-7　Protégé 服务案例实例的创建

Jena 对 OWL 的支持对 OWL 处理而言，语义逻辑的处理才是推理机制的实现，在本文的研究过程中已经建立了一个 OWL 本体文件（本书示例.owl），里面定义了服务案例类，并且包含服务案例的一些实例，下面部分代码是用来读取其中的信息：

```
OntModel wnOntology=ModelFactory.createOntologyModel（）;
File myfile= "c:/本书示例.owl";
m.read（new FileInputStream（myfile,""））;
……
ResIterato riter=m.ListSubjectsWithProperty（RDF.type,
    m.getResource（"http://www.本书示例.com/本书示例"））;
While（iter.hasNext（））{
    Resource document=（Resource）iter.next（）;
    System.out.println（document.getLocalName（））;
}
```

完成后的原型系统页面如图 6-8 所示。原型系统包括服务知识查询、案例知识查询、情境录入、服务知识录入、知识库维护和系统管理等菜单。由于时间所限，本文对知识库维护菜单没有涉及，留待以后继续完善。

登陆原型系统后，浏览器界面上首先出现服务知识支持系统的主页面，该系统包括了服务知识查询、情境录入、服务知识录入和知识库维护等菜单。

单击"案例知识查询"菜单,在查询关键词中输入"刹车",则该知识库中包含刹车关键词的知识都呈现了出来,如图6-8所示。

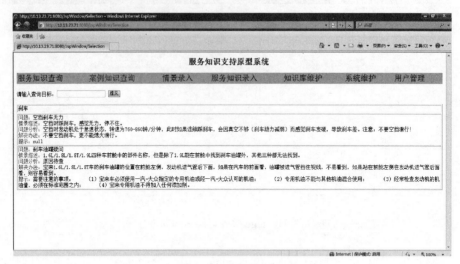

图 6-8　原型系统页面

单击"案例知识检索"菜单,在案例知识检索关键字文本框中输入待检知识条目的关键字,点击"提交"按钮,则知识库中与该关键字有关的知识条目将呈现在页面上,如图6-9所示。在该页面中,输入检索关键字"维修",则经过查询后与该关键字相关的知识会以条目内容形式呈现,在该检索过程中进行了语义扩展检索,因此只要包含有维修的条目都会显示出来。

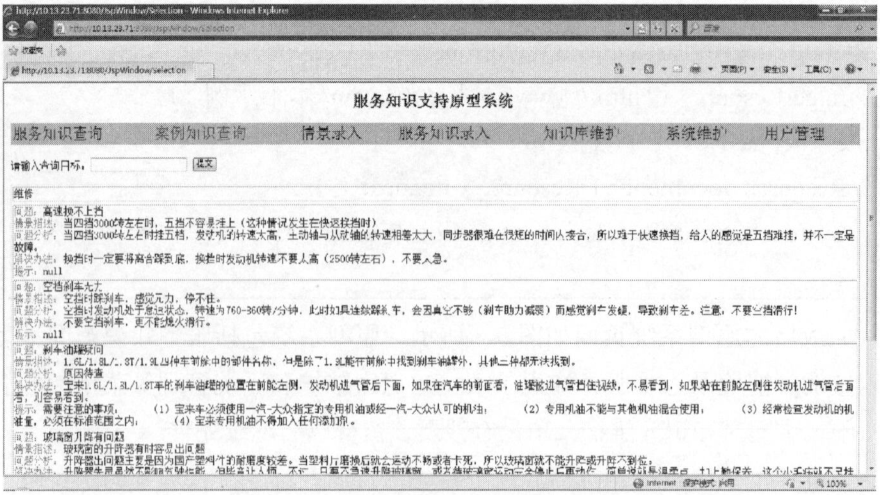

图 6-9　原型系统案例检索页面

第 7 章
陕汽集团构建服务知识支持系统的实例

7.1 企业背景

7.1.1 企业现状分析

陕西汽车控股集团有限公司始建于1968年，总部位于陕西省西安市，拥有资产总额563亿元，现有员工2.8万人，是特大型汽车企业集团。公司产品范围覆盖重型军用越野车、重型卡车、中轻型卡车、大中型客车、重微型车桥、康明斯发动机及汽车零部件等领域，是国家选型对比试验后保留的唯一指定越野车生产基地和首批整车和零部件出口基地企业。目前已拥有陕西重型汽车有限公司、陕西欧舒特汽车股份有限公司、宝鸡华山工程车辆有限责任公司、陕西通家汽车有限责任公司、陕西汉德车桥有限公司、西安康明斯发动机有限公司等参（控）股子公司。

陕汽集团拥有完整的产品研发体系，通过广泛的对外合作，搭建起了全系列商用车研发平台及其支撑系统。建立了国家级企业技术中心、博士后科研工作站和陕西省院士专家工作站，建成了国内重卡行业唯一的"重卡新能源研究开发与应用实验室"，承担的多个项目被列入国家"863计划"。企业在产业规模、研发能力、市场营销和零部件生产制造体系建设等方面均处于行业的领先位置。其生产的重型军用越野车先后参加了35周年、50周年和60周年国庆阅兵仪式，受到国务院和中央军委的多次嘉奖。

2018年，陕汽集团以617.08亿元营业收入位列中国企业500强第276位，较上一年度提升120位；位列2018年中国制造企业500强第120位，较上一年度提升55位；以226.34亿元的品牌价值再次荣登2018中国500最具价值品牌榜；位列陕西百强企业榜单第8位，位居陕西装备制造业第1位；位列2018

西安百强工业企业之首。

7.1.2 经营中的问题分析

在所有中国最具机会赶超发达国家的行业中，重卡行业似乎有着远大前程，一些决策者和投资者也不禁抛出"大势已是板上钉钉"的言论，就连原中国机械工业联合会副会长张小虞也认为，目前能与国际汽车相抗衡的唯有商用车。

目前，整个行业服务品牌众多，服务效率和质量差异很大。陕汽集团所拥有的"贴心服务"品牌，近年来以优质的服务赢得了用户的充分肯定，在重卡行业独树一帜。国内知名的行业媒体《运输经理世界》曾对重卡行业服务进行统计，陕汽集团在服务专业程度和服务质量等方面都处于行业领先。

陕汽集团的"贴心服务"品牌一直处于行业领先地位，而"春季服务月"活动只是"贴心服务"品牌的一种体现，他们认为对客户的关爱不仅仅是对车辆的服务，更有对客户精神层面上的服务，要把最优质的服务奉献给最需要的客户。一直以来，陕汽集团将先进的服务体系放在了与质量、技术和执行策略同样重要的地位，不断完善升级"贴心服务"，2006年后，陕汽集团与多个汽车公司联合推出了"大S服务"。2010年陕汽集团实施推进"极速行动"，通过"服务效率再提速，服务保障再提速，服务质量再提速"三大提速行动，实现服务全新跨越。陕汽集团在给用户带来惊喜的同时，更树立了重卡行业的服务新标准。

2011年，陕汽集团以服务型制造理念为依托，成功搭建了全面预算管理平台、项目管理平台、质量管理平台，这些为陕汽集团全面夺取胜利奠定了基础。陕汽集团成功引入的全球领先的科尔尼咨询公司，对营销体制的深度变革、营销流程的再造、组织结构的优化，以及营销质量的全面提升也都起到了积极作用。从目前的运营情况来看，营销体系改革的成果最为明显。

但是陕汽集团在发展服务型制造业的过程中也存在以下问题：

1) 服务型制造的特点之一是提供全程化的服务，强调产品全生命周期的服务，而陕汽集团目前只是对客户服务阶段的服务进行了拓展和增强，没有对产品设计和制造阶段的服务进行分析和设计。

2) 客户服务的扩展只是从服务方式进行了改进，增加了服务内容，并没有从知识层面和技术层面对服务业务进行支持，因此有必要建立陕汽集团的服务知识支持系统，对服务知识进行本体建模，形成有效的知识库，从而实现对服务知识的积累；在此基础上，构建产品服务知识支持系统，对服务业务进行技术支持，使维修站或者呼叫中心能够快速查询服务知识，实现对服务知识的共享和重用，从而提升企业服务的质量和效率。

7.2 产品全生命周期服务知识支持系统的构建

陕汽集团要构建面向产品全生命周期的服务知识支持系统要从产品全生命周期的服务设计开始，针对陕汽集团的现状进行服务拓展和增强，然后对重型汽车领域知识进行本体建模，从而有效构建服务知识支持系统。

7.2.1 面向产品全生命周期的服务业务设计

要构建服务知识支持框架，首先要对汽车服务进行拓展，设计出围绕重型汽车这一产品的全程化服务业务。因此，首先对陕汽集团的服务拓展过程和方法进行描述，在此基础上对重型汽车产品的生命周期各阶段进行服务业务设计，得到陕汽集团的服务增强模型。

1. 产品全程化的服务扩展和服务设计

一般的装备制造企业服务的开发活动包括两个阶段，售前服务阶段和售后服务阶段。在售前服务阶段：针对客户的自身情况和需求，选择适合客户的最佳机型、最佳规格和推荐组合，召开新产品介绍会，让客户对产品的性能有基本的认识，就该方案向客户进行运作成本分析，运用产品生命周期理论，介绍在产品的整个使用过程中各个阶段的成本。在客户对该产品有意向后，给出系统的问题解决方案，包括设备成套（系统设计、设备提供、系统安装调试）和工程承包（包括基础设施、厂房和外围设施建设）。对用户进行操作培训，协助用户提高机器的使用水平。在售后服务阶段：该阶段要求企业站在用户的角度系统地为用户考虑，向用户提供完整有效的解决问题的方案，最大限度地适应客户的需求。具体包括以下内容：预防性技术支援服务、降低运行成本、最有效专业信息服务、品质保证服务及产品质量推荐。在产品使用过程中，企业需要定期与用户设备管理者开展技术交流会，讨论产品的使用情况，以及使用过程中出现的问题，通过与用户的沟通可以有效地了解产品有待完善的地方及客户的最新需求，以便开发出满足用户的产品。企业通过远程服务监测产品的健康状况，对零部件的更新和升级提供建议，并定期进行现场产品的改进活动。专家和工程师需要定期进行现场专业指导，对产品的维修、零部件更换和保养等进行现场示范，为用户能够更加有效地使用机器提供参考。在产品出现故障时，技术人员需要尽快提出解决方案，进行故障修复，并保证零部件的快速供应，从而使用户的停工停产损失降低至最低水平。在机器的使用寿命到期时，提供回收服务，并对该机器的品质开展研讨会，由操作人员将该机器在寿命期内出现的故障反馈给专家，由专家对机器的更新改造方案提出建议。企业通过远程监控系统实施全过程、全方位、全天候的状态管理，可以帮助客户准确掌握机组运行状况，合理安排维修改造、保证机器的安全运行，使客户能够集中精力从事主业，对企业产生依赖感。

汽车服务是根据汽车制造商和使用者为实现汽车产品的商品价值、使用价值及权益价值等需求所进行的各种具有服务性质的活动。或者说，汽车服务是以满足汽车制造商和使用者服务需求为目的，在汽车全生命周期中为实现产品价值所进行的各种具有服务性质的活动。顾名思义，汽车服务属于"服务产业"或"第三产业"。此外，汽车服务还通过保持良好的汽车技术状况在节约燃料消耗、保证行车安全和减少环境污染等方面具有重要的社会效益。

陕汽集团目前正在积极发展服务型制造，在服务业务增强方面，主要从购销服务、金融服务、保险服务和维修服务几个方面展开。其中，购销服务包括汽车购买指导、车型指南、预约试驾和购车手续代理等；汽车金融服务的主要模式有分期付款、银行贷款、"银商保"合作和"专业化金融"服务等；保险服务包括代理投保和代理理赔等业务；维修服务包括售后维修和日常保养等活动。

然而，服务产品作为知识密集型产品，其开发的一个显著特点是顾客积极参与开发过程。同时，服务产品开发过程包含了很多部门和个人的参与，并且两者之间存在着较为复杂的知识传递过程。正是众多行为主体的参与，表明了服务产品开发是一个更为复杂的过程，是针对特定非标准化问题产生的个性化产品。

针对陕汽集团目前经营状况和重型卡车（以下简称重卡）产品的基本情况，结合面向产品全生命周期的服务开发流程，本文将重卡产品的生命周期分为设计、制造、销售和售后 4 个阶段，让客户参与到产品的每个阶段中，分析该阶段的服务需求，针对此服务需求，设计出服务产品，并结合企业服务资源和服务能力进行规划，对服务产品的服务过程进行设计，得到陕汽集团重卡产品的服务业务设计过程，如图 7-1 所示。

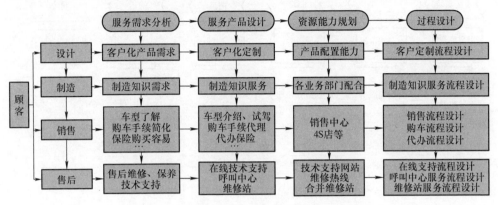

图 7-1　陕汽集团重卡产品的服务业务设计过程

2. 面向产品全生命周期的重卡产品服务知识支持框架

当产品设计从生命周期的角度来进行分析，设计就不再仅限于物质化的产品设计方面，而应该更多地将"服务"包含其中。在产品生命周期到达生产制造阶段之后，就可以被认为是服务阶段，服务设计策略就此产生。在这一阶段中，设计师需要考虑如何使产品自身与服务策略中包含的内容进行有效的配合，发挥出良好的整体效果。进入到产品的回收阶段，产品的升级换代、材料再利用、有控制的填埋废料等方面同样可以依靠服务。产品的设计制造过程通过采用生产性服务来降低成本和提高质量，产品的研发面向客户的个性化需求和服务，企业开始以"产品+服务"为客户提供全面解决方案。本文认为全程化的服务设计是面向制造业的产品生命周期服务，包括产品全生命周期全过程中面向生产者及生产过程的服务和面向消费者及消费过程的服务。最终得到陕汽集团产品全生命周期服务业务拓展模型如图 7-2 所示。

陕汽集团的主要产品是重卡，对于该产品在市场调研阶段除了满足用户需求，对客户需求进行充分调查，还要进行产品设计的资助研发。陕汽集团目前拥有汽车工程研究院，具有较强的研发能力，可以通过科研实力为设计和制造阶段提供专利分析和新技术引进等服务。在重卡产品的销售阶段设计出了销售服务，包括营销和品牌服务等；在客户使用重卡阶段，可以为客户提供维修服务、运输信息提供、停车租赁和道路导航等信息支持服务；最好还可以为客户提供二手车回收等服务。

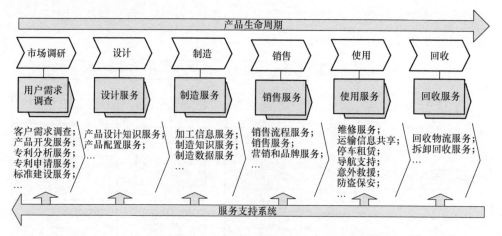

图 7-2 陕汽集团产品全生命周期服务业务拓展模型

3. 服务提供模式

（1）为用户提供解决方案　目前，在 IT 行业非常多的软件制造商开始向为用户提供解决方案转变，他们认为服务的提供商所销售的是"结果"，即问题的解决方案。例如，世界装备制造业的龙头企业通用电气（GE），经过 20 年的时间，将自身由以产品生产的典型制造型企业转为基于金融服务的客户全套解决方案提供商。德国能源服务公司为私人公寓提供"温暖"的服务，该公司安装、维护和运行锅炉。由于与锅炉生产厂家和能源供应商的长期合作和经济因素，该项服务节能高效，与个人加热房屋相比大幅节约了成本。

因此，陕汽集团在服务拓展的过程中可以为重卡用户提供租赁信息和行车导航信息，可以打造运输信息平台，供重卡司机或用户从该运输信息平台获得相关的运输信息，从而使重卡用户不再仅仅只是购买产品，而是从陕汽集团获得关于重卡的解决方案。

（2）共享维修服务网点　共享维修服务网点的目的是通过共享服务网点，来增加对于产品服务系统中物质化部分的利用，这种战略是以尽量减少服务资源的消费为目的的。这种方式意味着一个维修服务网点可以被几个类似厂家共享使用，减少了维修网点，达到了积极的服务资源节约，还使得维修服务资源得到最大化利用，同时可以加速服务技术的提升，以最快的速度和最新、最有效的服务技术和方式为客户提供维修服务。

陕汽集团的重卡产品于 2006 年与潍柴集团合并服务网点，2007 年陕汽集团的服务网络继续成建制地扩张，提出了"大 S 服务"的理念，即陕汽集团和潍柴集团等核心供应链共同构建了1700多家网点，组成全国最庞大的一只服务队伍，三家整车厂和关键总成厂互派服务人员，所有的服务人员都要到其他厂家接受必要培训，以便在为用户进行车辆保养和维修时能做到一站式服务。

（3）重筑厂商与消费者的关系　这一策略是通过租赁的方式，改变产品的所有权模式，重新构建厂商与消费者之间的关系。租赁的方式是指使用者长期或中期租用移动或固定物品，在租赁期间，承租人仍然是租用产品所有者。客户所支付的租赁费用使承租人产生对产品进行保护和维修的动力，使得产品的生命周期得以延长，因为只要在租赁期结束后还能够使用，产品所有人便可获取更多的经济效益，无形中达到节省资源和减少浪费的目的。例如，客户可以在购买国美电器或苏宁易购等电器连锁销售品牌的产品的同时购买保修服务，来延长保修期。

基于此，陕汽集团也可以考虑为客户提供服务租赁或者服务购买，客户可以通过购买服务获得产品的保修服务，也可以通过购买获得重卡保修期的延长；另一方面，陕汽集团也可以考虑提供汽车租赁业务。

7.2.2　汽车服务知识的获取

为了对陕汽集团打造服务型制造企业进行支持，为了实现全生命周期服务知识的支持，首先需要在陕汽集团内部获取服务知识，知识的获取是知识管理的源头。因此，下面将研究汽车服务知识的获取。

陕汽集团自主开发的PDM系统现已从当初的产品明细表管理功能发展到如今初步具备了电子图档管理（包括电子审签发放流程）、技术文档管理、工程变更管理、PDM与CAPP数据实时刷新和集成、公告车型管理、标配车型管理、工艺路线管理、计生车型产品配置管理、产品生命周期状态管理、采购二级工艺路线（计划员）管理、产品临时设计变更和发布等多项与实际业务紧密结合的PDM系统。

因此，产品BOM、技术文件和汽车售后服务记录都可以作为服务知识的信息源。首先通过使产品设计BOM向服务BOM转化，获得汽车服务BOM。根据售后服务记录，在服务BOM的基础上添加相关服务和维修指南，形成有效的汽车服务BOM。

产品设计中产生的大部分信息为其故障所需要的重要知识，这些知识可以促进诊断系统的快速开发，从而可以改善产品早期维护中诊断知识匮乏的窘境。但对大多数企业来说，这些知识的利用仅仅停留在新产品开发及已有产品再设计中的应用，而对于它们在故障诊断中的应用考虑不足。因此，通过将这些知识进行提炼、组织，建立通向产品故障诊断的通道，将它们从局限于为产品设计服务的设计知识转化为服务于故障诊断的诊断知识，这对于实现产品设计知识在故障诊断中的应用是十分重要的。产品数据管理（PDM）是比较成熟的集成框架系统，为知识转化、组织、建模提供必要的支持。PDM 为产品设计领域知识集成的管理提供了技术平台，为其共享、重用及促进诊断系统的开发打下了基础。

在研究产品的维修服务时，应当在产品设计阶段就开始考虑其以后的故障诊断和维修服务中的知识获取问题，利用设计知识驱动产品的故障诊断和维修服务工作，可以解决产品早期维修服务中的知识匮乏问题。

（1）产品结构 BOM　物料清单（bill of material，BOM）是产品结构的信息载体，记录与产品结构相关的文件，用来描述产品的物料构成及这些物料之间的联系；物料清单实际上是将产品结构以一种特殊的方式存放在计算机中，故 BOM 又称产品结构表或产品结构树，在产品生命周期的不同阶段有不同的 BOM。物料清单在基于 PLM 框架的协同制造系统中不仅起着联系设计分系统和工艺设计分系统的作用，而且起着联系工艺设计分系统和经营管理分系统的重要作用。

设计 BOM（EBOM）反映了产品的设计结构，制造 BOM（MBOM）反映的是产品的制造装配顺序，而服务 BOM（SBOM）不仅要反映产品的装配顺序，还要包含安装要求、安装说明、调试说明、使用说明、运行状态信息、故障诊断、维护信息和备件信息等。这些信息是以各种电子文档、图档（二维和三维）和多媒体文件形式附着在 SBOM 上来体现的。SBOM 是服务知识的重要来源，其中蕴含大量的显性知识。

诸如飞机、舰船、发电设备和工程机械等大型复杂装备的各种维修技术支持与服务涉及设计、制造、使用和维修等多个阶段的技术资料、维修知识和维修历史等海量数据信息资源。维修 BOM 不但用来描述装备的物料组成及物料之间的关系，更重要的是要用于组织和管理使用维护阶段的海量装备信息资源。对于同型号或同批次批量装备，尽管初始的维修 BOM 完全相同，但在使用过程中装备结构会因为关键零部件的更换而发生变化，维修 BOM 所关联的运行信息和维修历史信息等会不断增加，因此必须管理到单件具体装备的维修

BOM，也就是说，必须对每件装备都要建立一个维修 BOM。这点与设计 BOM 和制造 BOM 等对应的同型号或同批次批量装备的数据管理不同。如果采用与设计 BOM 和制造 BOM 相同的单树式 BOM 结构，同型号或同批次批量的装备所对应的大量结构高度相似的维修 BOM 会存在大量的数据冗余，维修 BOM 数据的一致性也难以保证。

目前陕汽集团的重卡产品有 3 个系列：奥龙、德龙和康明斯，其中康明斯只有专用汽车；奥龙有牵引汽车和自卸汽车两种，德龙系列包括牵引汽车、专用汽车和自卸汽车 3 种。本文以陕汽集团德龙系列为例，给出了重卡产品的 BOM 结构，如图 7-3 所示。

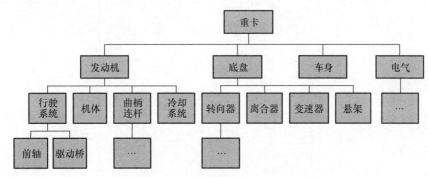

图 7-3 重卡产品的 BOM 结构

维修 BOM 视图是从产品设计领域中获取维修需求信息的窗口。由于产品设计 BOM 的结构是按功能隶属关系配置的零部件层次结构，且故障定义为功能的失效或退化，所以这种层次结构较好地反映了产品层次之间故障的因果性，因而维修 BOM 是采用产品的设计 BOM 结构组织管理知识的。维修 BOM 的视图单元节点中包含了零部件故障模式及其发生概率、故障原因和故障影响等信息，很好地反映了相邻层次零部件之间的故障关系，是产品故障诊断的重要知识源。

为提高重卡维修数据的信息组织和管理效率，设计一种复合式的维修数据组织结构，也可以成为维修 BOM 结构，如图 7-4 所示。

（2）重卡维修记录 产品服务阶段产生的服务数据对制造业具有非常重要的意义。每一次的产品服务过程都蕴含大量的服务信息和知识，服务过程的记录可以产生很多的有用信息。产品在服务支持阶段主要产生的数据包括服务记录、备件信息、故障信息、服务计划、服务协议和顾客反馈等信息，对产品的改进和产品的服务具有重要的意义。

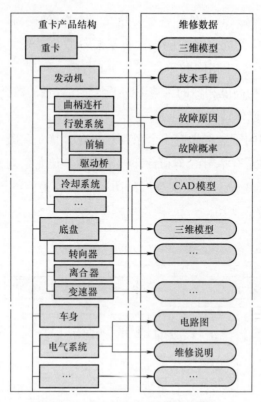

图 7-4 重卡产品的维修数据组织

在表 7-1 所示的重卡维修记录表中，记录了重卡信息、客户信息、维修信息和维修站信息，可以根据发动机号和车身型号等对产品故障概率进行统计，对故障现象和维修方法进行统计，从而形成维修知识，方便日后提供快速的维

表 7-1 重卡维修记录表

重卡信息	车牌号		发动机号	
	车身型号		单价	
客户信息	车主姓名		电话	
	车主身份证号		email	
	地址			
维修信息	故障现象			
	维修方法			
	维修费用			
	发票号			
维修站信息	维修站点			
	维修人		维修日期	

修服务。也可以将统计出的故障现象、故障概率和维修方法等信息按照发动机号或车身型号添加到产品 BOM 中。

7.2.3 汽车服务领域知识本体建模

按照 4.4 节的研究，要对汽车服务领域知识进行本体建模，本文将汽车服务领域知识分为四大类，分别是汽车产品知识、客户知识、服务资源知识和服务案例知识。下面首先对重卡产品进行知识本体建模。

1. 重卡产品知识本体建模

重卡是陕汽集团的重要产品，因此本文采用"七步法"对重卡产品进行知识本体建模。

首先确定本体的专业领域，即确定陕汽集团的产品范畴，其属于商用汽车的范畴。参考已经形成的专门的产品信息库，复用已有本体知识，列出本体中的重要术语，这一过程需要汽车工程专家参与，对重卡产品范畴内的专业术语进行界定和确定；在此基础上定义类和类的等级体系，由于重卡是汽车领域内一个较小的分类，因此只重点研究重卡范畴内的类和类的等级体系。定义类之后，再为类定义其属性和实例，从而建立重卡知识本体。

根据重卡汽车的类和层次关系，本文得出了如图 7-5 所示的重卡产品本体结构示例图。

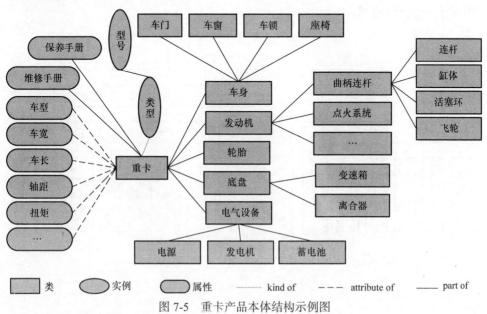

图 7-5 重卡产品本体结构示例图

按照前文，产品知识本体可以形式化定义为一个五元组 $PK=(C_p, D_p, R_p, I_p, X_p)$，现以重卡产品为例得到如下具体表示：

$C_{重卡}$ = { 发动机、底盘、轮胎、电气设备、车身……}

$C_{发动机}$ = { 曲柄连杆、点火系统……}

$C_{曲柄连杆}$ = { 连杆、缸体、活塞环、飞轮 }

$C_{底盘}$ = { 变速器、离合器、减速器、悬架……}

$C_{减速器}$ = { 减速器壳、凸缘总成、主动锥齿轮、从动锥齿轮……}

……

$D_{重卡}$ = { 车型、车长、轴距、扭矩、型号……}

$D_{发动机}$ = { 排量、缸数、功率……}

……

$R_{重卡}$ = { 属性、组成、种类……}

$I_{重卡}$ = { 德龙 F3000、德龙洒水车、奥龙、康明斯……}

$X_{重卡}$ = { 结构尺寸约束、配置关系约束……}

重卡概念可形式化表示为：

$C_{重卡}$ ::=<C1，重卡，重型汽车，牵引汽车，自卸汽车……>

$C_{发动机}$ ::=<C11，发动机，引擎点火系统、曲柄连杆……>

依照陕汽集团目前的产品系列，可以看出具有奥龙系列、德龙系列和康明斯系列，得到如图 7-6 所示的产品系列图。

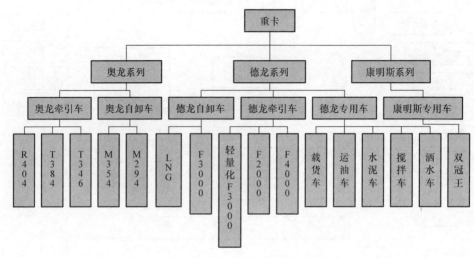

图 7-6　产品系列图

第7章 陕汽集团构建服务知识支持系统的实例

在重卡汽车本体定义了类和属性之后,可以在此基础上定义重卡汽车实例。表7-2给出了陕汽集团奥龙系列自卸车的配置基本信息。

表7-2 陕汽集团奥龙系列自卸车的配置基本信息

名称	型号	备注
发动机	蓝擎 WP10.336/10.290/310/336	
变速器	法士特 F9/F10/F12 铝合金	
离合器	430 膜片式	
转向器	ZF 技术	
悬架		
前轴	陕汽汉德 MAN 技术 7.5t	
驱动桥	单极/双极减速桥	

在定义了陕汽集团重卡产品的本体之后,在此基础上定义不同型号产品的实例。运用 Protégé 3.4.4 建立重卡产品本体实例,具体如图7-7所示。

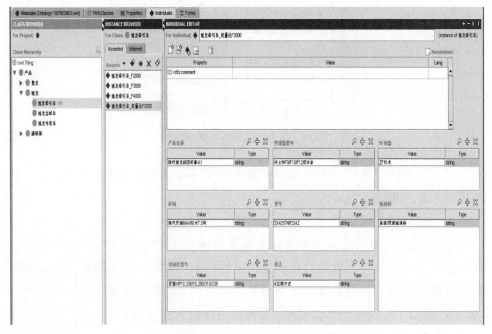

图7-7 运用 Protégé3.4.4 建立重卡产品本体实例

2. 客户本体

陕汽集团的主要产品是重卡,重型卡车市场的客户具有以下特点:①客户数量有限；②市场的需求大多是衍生需求；③短期内，重型卡车的市场需求缺乏弹性；④供购双方关系密切；⑤购买人员专业化。

从重卡产品消费者的购买动机、购买行为和购买影响因素 3 个方面对客户进行分析，有助于帮助企业提升产品占有率，从消费者关心的角度去提高产品的影响力，从而提高重卡的销量。

经过分析发现重卡产品的消费者在购买动机层面分为从众心理、求实心理、求新心理、求廉心理和求名心理。消费者的购买行为分为理智型购买、感情型购买、习惯型购买和经济型购买。对购买影响因素进行分析，得到影响重卡产品购买因素的有汽车设计、汽车名称、商标设计、价格和广告等因素。具体如图 7-8 所示。

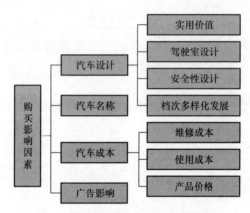

图 7-8 重卡产品的购买影响因素

因此在对陕汽集团的客户知识本体进行建模时，充分考虑了购买因素，最后得到的客户知识本体如图 7-9 所示。

3. 服务资源本体

按照制造资源的定义，本文认为服务资源是指企业完成产品全生命周期所有服务活动的物理元素的总称，是企业的设备、材料、人员与产品生命周期所涉及的硬件和软件的总和，作为服务活动的重要因素，贯穿于产品服务全过程。按照 4.4.3 节的分类，将服务资源根据物理形式划分为工具资源、备件资源和人力资源等。

根据陕汽集团的现状，对重卡用户的服务主要在服务网点提供，因此陕汽集团对服务资源的管理是以服务网点为组织形式进行的，因此本文在前文的基础上，通过建立服务网点本体，对服务资源进行知识建模。

第7章 陕汽集团构建服务知识支持系统的实例

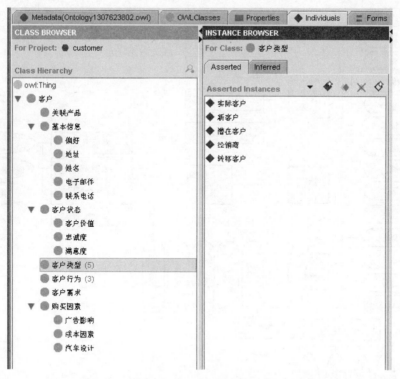

图 7-9　运用 Protégé3.4.4 构建的客户知识本体

全国各地的服务网点构成了陕汽集团的服务网，各服务网点可以为全国的客户提供全面的服务。在各服务网点中都有 3 个方面的资源，分别是人力资源、备件资源和工具资源，服务网点本身又有地址、电话和名称等属性。陕汽集团通过对服务网点的管理，实现对服务资源的有效配置，从而达到对服务资源的管理。

在此基础上本文建立的服务资源本体类层次结构如图 7-10 所示。

4. 重卡维修服务案例本体

按照 4.5 节对服务案例的定义和描述，陕汽集团服务网点对服务案例的类层次结构可以从问题描述、服务方案和反馈情况 3 个方面细化为以下几个类，分别是：案例标识符、相关产品、相关客户、服务情景（需要服务的原因）、服务类型（维修、保养、培训和保险代理等）、服务方案（具体的服务过程描述）、服务资源（提供服务的网点、服务人员、备件和工具等信息）和服务反馈结果。按照以上类层次结构，运用 Protégé3.4.4 构建的德龙 F3000 服务案例本体如图 7-11 所示。

制造业服务化、服务知识管理及应用

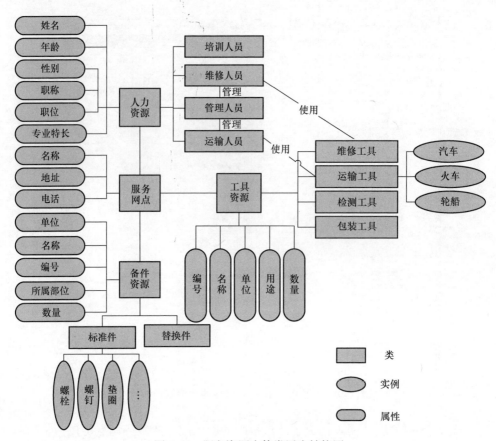

图 7-10　服务资源本体类层次结构图

图 7-11　运用 Protégé3.4.4 构建的德龙 F3000 服务案例本体

168

7.2.4 汽车服务知识支持系统的构建

截至 2006 年陕汽集团和潍柴集团等核心供应链共同构建的 1700 多家服务网点成为中国最庞大的商用车服务网络，它将把陕汽集团的"贴心服务"送到全国的每一个角落，送到离消费者最近的地方。

另外，陕汽集团已经构建了自己的呼叫中心，但是目前呼叫中心的技术支持主要依靠维修人员，呼叫中心的工作包括呼入和呼出。其中呼入业务包括咨询、投诉、保障维修或救援业务；呼出业务主要包括强保（车辆强制险）提醒、通知、资料核实、回访、调查、服务监督和销售业务协调等。陕汽集团联合呼叫中心共有两条服务热线，16 名坐席，3 名专业服务工程师和 1 名客户经理，负责疑难问题接单，分析报告的形成及日常协调管理。目前陕汽集团还正在构建信息服务平台，开设网上服务业务，为用户提供网上技术咨询和技术服务。

目前陕汽集团的客户服务模式可以总结为如图 7-12 所示。

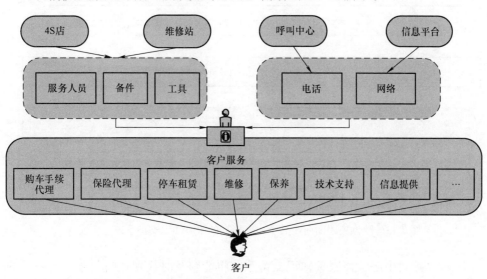

图 7-12　陕汽集团的客户服务模式

目前，陕汽已经拥有了由 4S 店、维修站和呼叫中心构成的服务网络，通过实体维修站和呼叫中心形成了较为全面的服务网，为客户提供相关的客户服务。主要是面向售后阶段，向客户提供各种服务。为了实现面向产品生命周期的服务，本文构建的面向产品全生命周期的服务知识支持系统将售前阶段的产品设计和产品制造阶段的服务进行统一考虑，除了为客户提供服务，还要为企业内部的设计、制造提供服务，使企业内部的每个部门都形成为其他部门服务的理念，并为其他部门提供服务。

依据前文的理论，得到了陕汽集团面向产品全生命周期的服务知识支持系统运作模式，如图7-13所示。

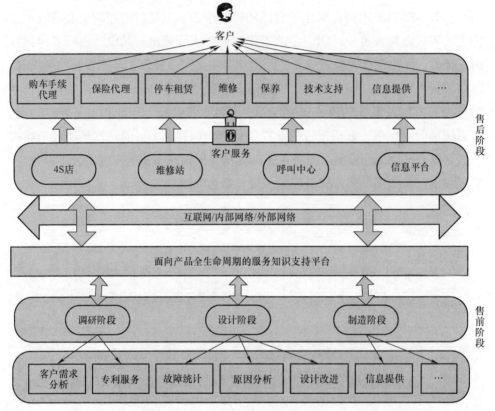

图7-13 陕汽集团面向产品全生命周期的服务知识支持系统运作模式

对于呼叫中心，该服务知识支持系统将能够及时找到呼叫业务人员需要的知识，为客户提供便捷服务。这就要求该服务知识支持系统以汽车服务知识库为基础，以查询技术为手段，快速查找相关知识，从而为呼叫中心业务人员提供相关服务知识的支持，同时也易于知识的积累。

对于实体服务网点，例如4S店或者维修站，维修人员可以根据该服务知识支持系统提供的服务知识为客户提供各种服务。在为客户提供服务的过程中，如果维修人员需要各种技术支持或信息获取，则可以非常方便地通过网络访问服务知识支持系统，从而得到需要的知识，为客户提供快速、高效的服务。

有了该服务知识支持系统，陕汽集团就可以提供较多的一站式服务网点。一站式服务指在某个指定地点同时完成以往需要多个地点多次完成的服务。一站式的服务能够为用户提供非常方便、快捷的服务，同时能够大大提高工作效率，对企业、消费者和社会都有着非常深刻的意义。一站式服务这种形态以用户需求为出发点，把制造企业的各个职能整合在一起，通过统一的入口为公众和消费者提供服务。

另外，在构建了面向产品全生命周期的服务知识支持系统以后，陕汽集团可以构建自助服务平台。自助服务是指制造企业通过部署"自助服务"支撑平台，让用户能够从自助服务平台或终端获得服务，包括自助式产品故障诊断、自助式产品培训、自助式产品销售和自助式交易等服务形式，从而为用户提供 24h 不间断服务的可能。从陕汽集团的角度来看，自助服务也能够为企业大大降低人力成本，并且还能够提供不间断的服务，为企业创造价值提供更大的空间。

后　记

制造业服务化的研究在国内刚刚兴起，被认为是制造业结构转型的必然选择，而制造业服务化的特点就是服务增强和全程服务化，因此本文将本体理论应用到服务领域，以求对服务领域知识实现共享和重用，提高服务效率和质量。然而有关本体技术在服务领域应用的研究成果尚不多见，几乎没有系统性的研究，本文试图建立一套完整的、从产品全生命周期获取服务知识进行服务知识建模、基于本体的服务知识支持系统应用的技术方案。

在广泛研究相关参考文献和国内外相关研究成果的基础上，采用理论研究和应用研究相结合的方法，从制造业全生命周期服务知识支持系统集成框架、服务知识的分类和获取、服务领域知识建模、服务知识检索和原型系统构建与实现等方面进行了系统的研究。主要工作包括以下 6 个方面：

1）分析了制造业服务化的推进因素，提出了面向产品全生命周期服务的特点；应用服务设计理论，结合全生命周期理论对制造业设计了产品全生命周期的服务模型；在此基础上分析了知识支持工作模型，提出了产品全生命周期的知识集成框架，进一步提出了服务知识的闭环反馈模型，分析了服务知识的闭环反馈作用。

该部分工作解决了支持系统应用框架的问题，借助于以数据库为载体的知识管理系统，能够帮助企业建立良好的知识管理体系，建立企业自己的知识库，一方面能够帮助企业采集知识、贮藏知识，另一方面能够帮助员工更好地共享知识、利用知识，从而引出后面的章节。

2）分析了知识的分类理论，对服务知识进行了分类，提出了服务知识的结构模型；分析了服务知识的信息源和获取步骤，在此基础上提出了面向产品生命周期的服务知识获取模型；提出了产品 BOM 向服务 BOM 的转化模型，进一步给出了形式化的服务 BOM 转化方法；对服务知识的特点进行分析，提出了服务知识的表示方法和原则,最终选择本体作为服务知识的表示方法。

该部分工作解决了服务知识的获取问题。服务知识在制造业中的受重视程度不够,对服务知识的结构研究薄弱,因此先分析了服务知识的结构和分类。知识管理是从知识的获取开始的,首先要解决知识的来源。

3)分析了本体构建方法,提出了产品服务领域本体的构建方法和过程,并提出了基于本体的服务知识表示框架;根据服务领域知识的分类,对客户知识、产品知识和服务资源知识进行本体建模,构造了本体层次模型和形式化表达;重点对案例知识进行了本体建模,分析了服务案例中的属性关系;分析了服务领域知识的体系结构,并以汽车产品为对象运用Protégé工具构建本体,给出了基于OWL的编码示例。

该部分工作解决了产品服务知识建模的问题,在制造业内存在大量的与产品相关的服务资源、服务手册和服务标准,通过建立这些知识的本体模型,实现面向计算机处理的语义描述,从而能够将零散的、无组织的服务知识转换为标准的、形式化的知识描述,以方便服务知识的共享和重用。

4)分析了本体在知识检索中的应用,分析了知识情境理论,提出了基于知识情境的服务知识检索模型;提出了基于产品和客户两个维度的情境树构造方法和情境树服务知识检索流程,具体分析了基于情境树预检索和语义扩展的服务知识检索算法;将情境相似度理论应用到案例检索中,提出了基于情境相似度的案例检索方法。

该部分工作从知识检索技术角度解决了产品服务知识重用的问题,通过精确而有效的知识检索策略,能够帮助服务人员实现对服务知识的快速查找,形成对服务过程的知识支持,提高服务效率和客户满意度。

5)分析了知识管理系统的概念,阐述了知识管理系统的设计原则;分析了服务知识支持管理系统的特点,结合本文提出的理论和模型设计了原型系统的功能结构和业务流程,提出了面向产品全生命周期的服务知识支持系统的体系结构;分析了OWL本体到关系数据库的映射规则,设计了服务知识领域本体的数据结构;最后完成了原型系统的实现。

该部分工作解决了产品服务知识支持系统应用的问题,通过建立产品服务知识支持系统的应用平台,能够使服务人员与客户、服务专家之间的知识传递更为及时、有效,为产品服务的共享和重用提供平台。原型系统采用了目前主流的面向Java的环境,以Java相关技术开发了产品服务知识支持原型系统,是对 Java 技术在产品服务领域的一次应用。

6）以陕汽集团为应用背景，分析了该企业重卡产品的经营状况及服务化过程中存在的问题。对陕汽集团进行的全生命周期服务化业务拓展进行了分析，提出了全生命周期服务模型。并分别从产品服务知识获取、产品服务领域知识建模及服务知识支持系统运作模式等几个关键方面进行了实例分析和应用研究。

该部分工作对前文所提出的服务知识支持系统的理论进行了验证，采用了具体实例运用前文的理论解决了该企业的问题，从实例角度对理论部分进行了应用，验证了解决方案的正确性。

由于本体的技术在制造业产品服务领域中的应用研究尚处在探索阶段，本文的研究工作主要集中在面向产品全生命周期的服务知识支持框架与相关的技术研究上，对研究过程中遇到的一些实践性问题进行了不同程度的简化。因此，本文的研究只是本体技术在产品服务领域应用的开始，在该领域还有诸多课题需要进一步深入地研究：

1）制造业服务的增强必然将针对制造业的服务设计提上日程，但是目前的服务设计研究还比较少，有必要针对制造业服务增强的特点，进一步深入研究如何设计面向产品全生命周期的服务业务，促进制造业向服务型制造的转变。

2）知识管理的思想和方法在服务领域的应用还没有深入，现有研究都集中在对于客户服务领域的客户知识管理，而对于服务本身所蕴含的知识的研究较少，本文对服务知识的获取方面提出了产品全生命周期的获取模型，但是对具体的知识获取方法、知识提取和归纳等有待于进一步的深入研究。

3）服务领域本体的进一步细化和完善。本体建设是一个循序渐进、不断完善的过程。目前的本体知识提供了基本的概念，对服务领域知识中语义信息的解释和描述能力不够细致，很多信息无法表达得很细致和精确。所以，需要在后续的过程中进一步地完善。

4）应用语义 Web 的思想实现服务知识的检索。语义 Web 即利用元数据（Metadata）对 Web 信息资源的内容进行语义描述，使计算机能够通过语义对信息资源的内容进行理解和处理，实现更高级的、基于知识的智能应用。Web 文本，使其具有语义，而且通过标注，构建 Web 文本之间或 Web 文本与知识库之间的语义关联，才能实现知识检索的功能。产品服务知识分布在大量的

Web 文本中，对这些 Web 文本进行产品服务本体的标注，可以使这些文档包含丰富的语义，并且通过本体与企业原有的知识库建立紧密的关联，知识检索引擎就可以通过对知识库的检索，将本体及包含本体语义的 Web 文本检索出来，以便在浩如烟海的企业服务知识中，迅速检索相关的设计知识。对产品服务的 Web 文本进行本体标注是未来知识检索的研究方向之一。

参考文献

[1] 安筱鹏. 制造业服务化路线图: 机理、模式与选择 [M]. 北京: 商务印书馆, 2012: 04-05.

[2] 黄群慧, 霍景东.《中国制造 2025》战略下制造业服务化的发展思路 [J]. 中国工业评论, 2015（11）: 46-55.

[3] Neely A, Benedetinni O, Visnjic I. The servitization of manufacturing: further evidence[C]. Cambridge: 18th European Operations Management Association Conference, 2011.

[4] Vandermerwe S, Rada J. Servitization of business: adding value by adding services [J]. European Management Journal, 1988, 6（4）: 314-324.

[5] 孙林岩, 李刚, 江志斌, 等. 21 世纪的先进制造模式——服务型制造 [J]. 中国机械工程, 2007, 18（19）: 2307-2312.

[6] 冯泰文, 孙林岩, 何哲, 等. 制造与服务的融合: 服务型制造 [J]. 科学学研究, 2009, 27（6）: 837-845.

[7] 孙林岩, 杨才君, 高杰. 服务型制造转型——陕鼓的案例研究 [J]. 管理案例研究与评论, 2011, 04（4）: 257-264.

[8] 李浩, 纪杨建, 祁国宁, 等. 制造与服务融合的内涵、理论与关键技术体系 [J]. 计算机集成制造系统, 2010, 16（11）: 2521-2529.

[9] Benedettini O, Neely A, Swink M. Why do servitized firms fail? A risk-based explanation [J]. International Journal of Operations & Production Management, 2015, 35（6）: 946-979.

[10] 王春芝, Heiko Gebauer. 制造企业服务业务开发的战略安排研究 [J]. 技术经济, 2008, 27（11）: 24-28.

[11] 林光平, 杜义飞, 刘兴贵. 制造企业潜在服务价值创造及其流程再造——东方汽轮机厂案例研究 [J]. 管理学报, 2008, 5（4）: 602-606.

[12] 喻友平, 蔡淑琴, 刘志高, 等. 制造分销型企业服务创新的支持平台及工作原理 [J]. 科研管理, 2007, 28（5）: 36-40.

[13] Baines T S, Lightfoot H W, Benedettini O, et al. The servitization of manufacturing: a review of literature and reflection on future challenges [J]. Journal of Manufacturing Technology Management, 2009, 20（5）: 547-567.

[14] Baines T S, Lightfoot H W, Evans S, et al. State-of-the-art in product-service systems [J]. Proceedings of the Institution of Mechanical Engineers Part B: Journal of Engineering Manufacture, 2007, 221(10): 1543-1552.

[15] Bustinza O F, Bigdeli A Z, Baines T, et al. Servitization and competitive advantage: the importance of organizational structure and value chain position [J]. Research-Technology Management, 2015, 58(5): 53-60.

[16] Ahamed Z, Kamoshida A, Inohara T. Organizational factors to the effectiveness of implementing servitization strategy [J]. Journal of Service Science & Management, 2013, 06(2): 177-185.

[17] Turunen T, Finne M. The organisational environment's impact on the servitization of manufacturers [J]. European Management Journal, 2014, 32(4): 603-615.

[18] Ren G, Gregory M J. Servitization in manufacturing companies: a conceptualization, critical veview, and research agenda[C].San Francisco: 16th Frontiers in Service Conference, 2007.

[19] Pilat D. Wölfl A. Measuring the interaction between manufacturing and services[J].OECD Science, Technology and Industry Working Papers, 2005, 5: 6-8.

[20] 郭重庆. 实施提升我国创新和营销能力的战略——2005年中国机械工程学会年会主旨报告 [R]. 北京: 中国机械工程学会, 2005.

[21] 汪应洛. 推进服务型制造: 优化我国产业结构调整的战略思考 [J]. 西安交通大学学报（社会科学版）, 2010, 30: 26-31.

[22] 汪应洛. 创新服务型制造业, 优化产业结构 [J]. 管理工程学报, 2010 (S1): 2-5.

[23] 王成东, 綦良群, 蔡渊渊. 装备制造业与生产性服务业融合影响因素研究 [J]. 工业技术经济, 2015 (2): 134-142.

[24] 肖挺, 刘华, 叶芃. 制造业企业服务创新的影响因素研究 [J]. 管理学报, 2014, 11(4): 591-598.

[25] 魏作磊, 李丹芝. 中国制造业服务化的发展特点——基于中美日德英法的投入产出分析 [J]. 工业技术经济, 2012 (7): 24-28.

[26] 黄群慧, 霍景东. 全球制造业服务化水平及其影响因素——基于国际投入产出数据的实证分析 [J]. 经济管理, 2014 (1): 1-11.

[27] 李靖华, 马丽亚, 黄秋波. 我国制造企业"服务化困境"的实证分析 [J]. 科学学与科学技术管理, 2015 (6): 36-45.

[28] 顾新建，张栋，纪杨建，等．制造业服务化和信息化融合技术 [J]．计算机集成制造系统，2010，16（11）：2530-2536．

[29] 蔺雷，吴贵生．制造业的服务增强研究：起源、现状与发展 [J]．科研管理，2006（1）：91-99．

[30] 石宇强，吴双．网格支持下的服务型制造模式研究 [J]．制造业自动化，2009，31（3）：29-31．

[31] Malleret V. Value creation through service offers [J]. European Management Journal，2006，24（1）：106-116．

[32] Khoo L P，Chen C H，Yan W. An investigation on a prototype customer-oriented information system for product concept development [J]. Computer in Industry，2002，49（2）：157-174．

[33] Xu X，Wang X，Zhang R. The research on influence factors of the servitization of the equipment manufacturing industry under the global value chain（GVC）perspective [J]. International Journal of Software Engineering & Its Applications，2015，9（5）：289-296．

[34] 周康渠，徐宗俊，郭钢．制造业新的管理理念——产品全生命周期管理 [J]．中国机械工程，2002，13（15）：1343-1346．

[35] 赵永耀，秦志光，李娟，等．基于资源节约的产品服务系统共享契约研究 [J]．管理学报，2010，7（5）：702-705．

[36] 朱琦琦，江平宇，张朋，等．数控加工装备的产品服务系统配置与运行体系结构研究 [J]．计算机集成制造系统，2009，15（6）：1140-1147．

[37] 樊留群，朱志浩，张浩，等．制造企业实现客户化服务的方法及发展 [J]．机械科学与技术，2003，22（5）：689-691．

[38] 刘新艳．产品服务系统（PSS）的效率分析 [J]．统计与决策，2009（17）：183-184．

[39] 苏立悦．大规模定制下产品服务系统的配置及优化研究 [D]．上海：上海交通大学，2010．

[40] 张在房，褚学宁．面向生命周期的完整产品总体设计方案决策研究 [J]．计算机集成制造系统，2009，15（5）：833-841，848．

[41] 张在房，褚学宁，高健鹰．基于通用物料清单的完整产品总体设计方案配置研究 [J]．计算机集成制造系统，2009，15（3）：417-424．

[42] 葛骅，褚学宁，张在房．产品/维修服务集成设计模型 [J]．计算机集成制造系统，2009，15（7）：1262-1269．

[43] 范凌钧，李南．制造企业新产品开发的知识管理组织功能研究 [J]．科学学与科学技术管

理，2009，30（4）：115-119，158.

[44] Sainter P，Oldham K，Larkin A，et al. Produet knowledge management within knowledge-based engineering systems [J]. Proceedings of DETC，2000.

[45] Szykman S，Sriram R D，Bochenek C，et al. Design repositories：engineering design's new knowledge base[J]. IEEE Intelligent Systems and their Applications，2000，15（3）：48-55.

[46] Barnard Y，Rothe A. Knowledge management in engineering：Supporting analysis and design processes in innovative industries. [M]. Amsterdam：IOS Press，2003.

[47] Stewart Johnstone，Andrew Dainty，Adrian Wilkinson. Integrating products and services through life：an aerospace experience [J].International Journal of Operations & Production Management，2009，29（5）：520-538.

[48] 仲华惟，宁维巍，闫光荣，等．面向产品生命周期的动态服务集成方法研究 [J]. 计算机应用研究，2009，26（4）：1370-1372.

[49] 程曜安，张力，刘英博，等．大型复杂装备MRO系统解决方案 [J]. 计算机集成制造系统，2010，16（10）：2026-2037.

[50] 王建民，任良全，张力，等．MRO支持技术研究 [J].计算机集成制造系统，2010，16（10）：2017-2025.

[51] Huang Ning，Diao Shihan. Ontology-based enterprise knowledge integration [J]. Robotics and Computer Integrated Manufacturing，2008，24（4）：562-571.

[52] 曾富洪，周丹，郭刚．基于知识工程的物料清单管理 [J]. 计算机集成制造系统，2010，16（9）：1977-1983.

[53] 冯勇，樊治平，冯博，等．企业客户服务中心知识推送系统构建研究 [J]. 计算机集成制造系统，2007，13（5）：1015-1020.

[54] Chen，Hsinchun. Knowledge management systems：a text mining perspective[M]. Tucson：Knowledge Computing Corporation，2006.

[55] Alexander Smirnov，Mikhail Pashkin，Nikolai Chilov，et al. Ontology-based users and requests clustering in customer service management system [J]. AIS-ADM，2005：231-246.

[56] Opresnik D，Taisch M. The value of big data in servitization [J]. International Journal of Production Economics，2015，165：174-184.

[57] 李海刚，尹万岭．面向新产品开发领域知识表示方法的比较研究 [J]. 科学学研究，2009，27（2）176-179.

[58] 任羿，曾声奎，王子寅，等.面向产品综合设计的故障知识本体研究[J].宇航学报，2010，31（2）：615-620.

[59] 潘旭伟，顾新建，王正成，等.集成情境的知识管理方法和关键技术研究[J].计算机集成制造系统，2007，13（5）：971-977，983.

[60] 祝锡永，潘旭伟，王正成.基于情景的知识共享与重用方法研究[J].情报学报，2007，26（2）：179-184.